Reihe *leicht gemacht*®

Herausgeber:
Prof. Dr. Hans-Dieter Schwind, Hochschullehrer
Dr. Peter-Helge Hauptmann, Richter am AG

Gewerbesteuer

leicht gemacht

Eine Darstellung mit praktischen Fällen
systematisch – präzise – verständlich

von
Kerstin Schober
Dipl.-Kauffrau, Dipl.-Betriebswirtin
Steuerberaterin

Ewald von Kleist Verlag, Berlin

Besuchen Sie uns im Internet:
www.leicht-gemacht.de

Umwelthinweis:
Dieses Buch wurde auf chlorfrei gebleichtem Papier gedruckt

Ewald v. Kleist Verlag
ISBN 3-87440-253-3
978-3-87440-253-8
© 2009 Ewald v. Kleist Verlag
Gestaltung: www.ramminger.de; Michael Haas www.montalibros.eu
Druck & Verarbeitung: Druck und Service GmbH, Neubrandenburg
Gedruckt in Deutschland
leicht gemacht® und *von Kleist*® sind eingetragene Warenzeichen

Inhalt

I. Grundlagen

Lektion 1: Steuergegenstand 5
Lektion 2: Gewerbliche Einkünfte 22

II. Ermittlung der Besteuerungsgrundlage

Lektion 3: Gewerbeertrag 43
Lektion 4: Hinzurechnungen 49
Lektion 5: Kürzungen 57
Lektion 6: Gewerbeverlust 65

III. Berechnung der Gewerbesteuer

Lektion 7: Ermittlung der Gewerbesteuer 71
Lektion 8: Zerlegung 79
Lektion 9: Sonderfälle 84

IV. Verhältnis zu anderen Steuern

Lektion 10: Einkommensteuer 97
Lektion 11: Zweitwohnsitzsteuer 102

Anhang

Hebesätze 105

Abkürzungen 112
Sachregister 114

Leitsätze und Übersichten

Ü	1	Einteilung der Steuern nach der Ertragshoheit	5
L	1	Merkmale des Gewerbebetriebes	7
Ü	2	Arten des Gewerbebetriebes	9
Ü	3	Voraussetzungen für den wirtschaftlichen Geschäftsbetrieb	12
Ü	4	Formen des Gewerbebetriebes	12
Ü	5	Abgrenzung zwischen typischer und atypischer stiller Gesellschaft	17
Ü	6	Beginn und Ende der GewSt-Pflicht	21
L	2	Grundsätze des gewerblichen Grundstückshandels	34
L	3	Abfärbetheorie	36
L	4	Gewinn vor GewSt	43
L	5	Gewerbeertrag bei Personengesellschaften	44
Ü	7	§ 7 GewStG – Gewerbeertrag bei natürlichen Personen	45
L	6	Gewerbeertrag bei Kapitalgesellschaften	46
L	7	Ermittlung Gewerbeertrag	48
L	8	Die Einzeltatbestände des § 8 Nr. 1 GewStG	51
Ü	8	Hinzurechnung von Aufwendungen für die Überlassung von Rechten	54
Ü	9	Beteiligung an Personengesellschaft	61
L	9	Spendenabzug	63
L	10	Verlustverrechnung nach § 10a GewStG	66
L	11	Berechnung der Gewerbesteuer	72
L	12	Freibetrag und Steuermesszahl	76
L	13	Hebesatz	76
L	14	Voraussetzungen der Organschaft	88
Ü	10	Ermittlung des Gewerbeertrages im Organkreis	89
L	15	Gewerbesteuerliche Folgen des Verpächterwahlrechts	92
L	16	Betriebsaufgabe	93
Ü	11	Sonderbetriebsvermögen	95
L	17	§ 35b GewStG	101

I. Grundlagen

Lektion 1: Steuergegenstand

Einordnung der Gewerbesteuer

Bei der Gewerbesteuer handelt es sich um eine Sonderbelastung auf gewerbliche Einkünfte – also für Steuerpflichtige mit bestimmten Berufstätigkeiten – die zusätzlich zur Einkommensteuer bzw. Körperschaftsteuer erhoben wird. Sie ist seit Jahren ein Dauerbrenner in der politischen Diskussion, denn die wirtschaftliche Bedeutung für die kommunalen Haushalte ist hoch. Die Streitpunkte reichen von der Abschaffung der Gewerbesteuer wegen vermeintlicher Verfassungswidrigkeit bis zur Ausdehnung der Gewerbesteuerpflicht auf Freiberufler.

Steuern werden nach verschiedenen Kriterien sortiert. Ein Sortierkriterium ist die Ertragshoheit. Die Gewerbesteuer ist eine sog. Gemeindesteuer, d.h. sie fließt in voller Höhe der Gemeinde zu. Die Gewerbesteuer ist damit die wichtigste Einnahmequelle für die Gemeinden.

■ Übersicht 1: Einteilung der Steuern nach der Ertragshoheit

Bundessteuern
z.B. Versicherungssteuer, Tabaksteuer, Solidaritätszuschlag

Landessteuern
z.B. Grunderwerbsteuer, Kfz-Steuer, Biersteuer

Gemeindesteuern
z.B. **Gewerbesteuer**, Grundsteuer, Hundesteuer, Zweitwohnsitzsteuer

Gemeinschaftssteuern
z.B. Einkommensteuer, Körperschaftsteuer, Umsatzsteuer

Die Bundes-, Landes- und Gemeindesteuern verbleiben, wie der Name vermuten lässt, in voller Höhe bei den entsprechenden Gebietskörperschaften. Und wie ist es bei den Gemeinschaftssteuern? Die Einnahmen aus den Gemeinschaftssteuern teilen sich Bund, Länder und Gemeinden nach einem bestimmten Verteilungsschlüssel. Hier vier Aufteilungsbeispiele:

Gemeinschaftsteuern	Bund	Länder	Gemeinden
Einkommensteuer	42,5 %	42,5 %	15,0 %
Lohnsteuer	42,5 %	42,5 %	15,0 %
Körperschaftsteuer	50,0 %	50,0 %	0,0 %
Umsatzsteuer	51,4 %	46,5 %	2,1 %

Die Gewerbesteuer ist in Bezug auf die Ertragshoheit als **Gemeindesteuer** zu qualifizieren. Sie stellt für die Gemeinden die wichtigste Einnahmequelle da.

Weiterhin unterscheidet man Steuern nach dem Gegenstand der Besteuerung. Sie werden in Verkehrssteuern und Besitzsteuern unterteilt. Verkehrssteuern liegen vor, wenn Güter im Wirtschaftsverkehr übertragen werden und daraus Steuerfolgen entstehen (z.B. Umsatzsteuer, Grunderwerbsteuer). Besitzsteuern liegen vor, wenn die Übertragung von Gütern keine Auswirkung auf einen Steuertatbestand hat. Hier ist die Gewerbesteuer einzuordnen, denn Gegenstand der Besteuerung sind Besitzwerte. Aus gleichen Gründen gehören auch die Einkommensteuer, die Körperschaftsteuer oder die Grundsteuer zu den Besitzsteuern.

Die Gewerbesteuer stellt nach dem Gegenstand der Besteuerung eine **Besitzsteuer** dar.

Weiterhin wird die Gewerbesteuer auch als Realsteuer oder Objektsteuer bezeichnet, da die Besteuerung nicht an eine Person sondern an ein Objekt – nämlich den Gewerbebetrieb – anknüpft, siehe § 3 Abs. 2 AO.

Fall 1: Stehender Gewerbebetrieb

Der Heizungsmonteur Heinz Hitze macht sich nach erfolgreich bestandener Meisterprüfung selbständig. Er mietet eine Werkstatt an, kauft sich einen Kleintransporter, hängt ein Messingschild an seine Werkstatttür, erledigt die Formalitäten beim Gewerbeamt und nimmt die ersten Kundenaufträge entgegen. Liegt ein Gewerbebetrieb vor?

Unter einem Gewerbebetrieb versteht man ein gewerbliches Unternehmen im Sinne des EStG, § 2 Abs. 1 Satz 2 GewStG. Hierfür ist nun ein Sprung ins EStG erforderlich.

> Die Voraussetzungen eines Gewerbebetriebes sind nicht im GewStG niedergelegt sondern im EStG. Das GewStG schlägt die Brücke zum EStG im § 2 Abs. 1 Satz 2 GewStG.

Bitte lesen Sie nun § 15 Abs. 2 EStG. Ein Gewerbebetrieb ist folgendermaßen gekennzeichnet:

Leitsatz 1

Merkmale des Gewerbebetriebes

Nach § 15 Abs. 2 Satz 1 EStG ist ein Gewerbebetrieb eine selbständige und nachhaltige Betätigung, die mit Gewinnerzielungsabsicht unternommen wird und sich als Teilnahme am allgemeinen wirtschaftlichen Verkehr darstellt, wenn die Betätigung weder als Ausübung von Land- und Forstwirtschaft noch als Ausübung eines freien Berufes noch als andere selbständige Tätigkeit anzusehen ist. Darüber hinaus darf es sich bei der Tätigkeit nicht um private Vermögensverwaltung handeln.

1. positives Merkmal „Selbständigkeit"
   Der Steuerpflichtige ist auf eigene Rechnung und Gefahr tätig, er handelt in eigener Verantwortung (Unternehmerinitiative) und trägt das Erfolgswagnis (Unternehmerrisiko).
2. positives Merkmal „Gewinnerzielungsabsicht"
   Die Tätigkeit ist darauf gerichtet, Gewinn zu erzielen.
3. positives Merkmal „Nachhaltigkeit"
   Eine Tätigkeit ist nachhaltig, wenn sie auf Wiederholung angelegt ist.

4. positives Merkmal „Beteiligung am allgemeinen wirtschaftlichen Verkehr"
   Die Tätigkeit wird am Markt für Dritte erkennbar angeboten.
5. und 6. negative Merkmale „keine Tätigkeit der Land- und Forstwirtschaft oder aus dem Bereich der selbständigen Tätigkeit"
   Der Steuerpflichtige übt keine Tätigkeit nach §§ 13 oder 18 EStG aus.
7. negatives Merkmal „keine Vermögensverwaltung"
   Die Grenze von der privaten Vermögensverwaltung wird überschritten, wenn nach dem Gesamtbild der Betätigung und unter Berücksichtigung der Verkehrsauffassung die Ausnutzung substanzieller Vermögenswerte durch Umschichtung gegenüber der Nutzung von Grundbesitz im Sinne der Fruchtziehung aus zu erhaltenden Substanzwerten in den Vordergrund tritt.

Für die Annahme einer gewerblichen Betätigung muss die o.g. Legaldefinition des Gewerbebetriebes nach § 15 Abs. 2 EStG erfüllt sein. Danach sind vier positive Merkmale und drei negative Merkmale zu prüfen.

Im Fall unseres Heizungsmonteurs H.H. sind diese sieben Voraussetzungen abzuprüfen:

– er ist selbständig tätig,

– er ist nachhaltig tätig, denn seine Tätigkeit ist auf Wiederholung angelegt,

– er unternimmt seine Betätigung mit Gewinnerzielungsabsicht, denn sie ist sein Broterwerb, er will damit seinen Lebensunterhalt bestreiten,

– er beteiligt sich am allgemeinen wirtschaftlichen Verkehr, indem er seine Dienstleistung an die Allgemeinheit richtet.

– Die Betätigung des H.H. ist nicht als land- und forstwirtschaftliche oder selbständige Tätigkeit anzusehen, sie stellt auch keine Vermögensverwaltung dar.

Damit sind die vier positiven und drei negativen Abgrenzungsmerkmale erfüllt. Der Betrieb des H.H. ist als Gewerbebetrieb nach dem EStG und damit auch nach dem GewStG zu qualifizieren.

Das GewStG unterscheidet zusätzlich noch den stehenden Gewerbebetrieb von dem Reisegewerbebetrieb. Während der Reisegewerbetreibende i.d.R. keine feste Betriebsstätte unterhält, ist beim stehenden Gewerbebetrieb eine solche vorhanden. Ist ein Unternehmen nicht als Reisegewerbebetrieb zu qualifizieren, dann liegt zwangsläufig ein stehender Gewerbebetrieb vor, § 1 GewStDV.

H.H. hat eine Werkstatt und demnach einen stehenden Gewerbebetrieb inne.

Fall 2: Reisegewerbebetrieb

Der Staubsaugervertreter Rudi Rüssel reist übers Jahr durch Baden-Württemberg und veräußert auf Märkten, an mobilen Ständen in Einkaufszentren und bei anderen Gelegenheiten Staubsauger der Firma „Good Vibration". Handelt es sich bei Rudis Tätigkeit um einen Gewerbebetrieb?

Das Reisegewerbe bildet das Gegenstück zum stehenden Gewerbebetrieb. § 35a GewStG besagt, dass ein Gewerbebetrieb als Reisegewerbebetrieb gilt, wenn nach den Vorschriften der Gewerbeordnung eine Reisegewerbekarte erforderlich ist (Ausnahme: Blindenvertriebsausweis). Reisegewerbetypische Berufe sind beispielsweise die des Schaustellers, des Vertreters, des Markthändlers oder des reisenden Scherenschleifers.

Übersicht 2: Arten des Gewerbebetriebes

Gewerbebetrieb	
Stehender Gewerbebetrieb § 2 Abs. 1 Satz 1 GewStG	Reisegewerbebetrieb § 35a GewStG

Fall 3: Abgrenzung Reisegewerbe

Warum unterscheidet das GewStG zwischen stehendem Gewerbebetrieb und Reisegewerbebetrieb?

Der einzige Unterschied besteht in der Anwendung der Zerlegungsvorschriften. Beim Reisegewerbetreibenden ist jene Gemeinde hebeberechtigt, in deren Mittelpunkt sich die gewerbliche Betätigung abspielt. Hebeberechtigung bedeutet, welche Gemeinde die Gewerbesteuer einfordern darf. Nach § 35 GewStDV ist dies beim Reisegewerbetreibenden regelmäßig die Wohnsitzgemeinde. Daher kommen die Vorschriften über die Zerlegung der Gewerbesteuer nur beim stehenden Gewerbebetrieb zur Anwendung. Über das Zerlegungsverfahren später mehr.

Fall 4: Betriebsstätte

Der Unternehmer Jack Walker betreibt in Berlin eine renommierte Whiskeyhandlung sowie in Potsdam und Warschau (Polen) je eine Verkaufsstelle. Worin besteht der Gewerbebetrieb des J. W.?

Ein Gewerbebetrieb wird im Inland betrieben, sofern er eine Betriebsstätte im Inland unterhält. § 12 AO enthält eine allgemeine Definition des Betriebsstättenbegriffs. Danach gelten als Betriebsstätte z.B. der Ort der Geschäftsleitung, der Ort einer Zweigniederlassung, Geschäftsstellen, Verkaufsstellen, Läger, Werk- und Produktionsstätten, aber auch Steinbrüche, Bergwerke und Bauausführungen, die länger als sechs Monate andauern. Umfasst ein Gewerbebetrieb mehrere Betriebsstätten, dann bilden alle inländischen Betriebsstätten den zu besteuernden Gewerbebetrieb.

Der Gewerbebetrieb des J. W. umfasst nur die beiden inländischen Betriebsstätten in Berlin und Potsdam. Die Verkaufsstelle in Warschau (Polen) wird von der Gewerbesteuer nicht erfasst, da sie nicht im Inland belegen ist.

Fall 5: Formen des Gewerbebetriebes

Das GewStG kennt drei verschiedene Ausprägungen des Gewerbebetriebes.

a) Gewerbebetrieb kraft gewerblicher Betätigung = sog. natürliche Gewerbebetriebe, § 2 Abs. 1 GewStG

   Der Maurermeister macht sich als Einzelunternehmer mit einem Baugeschäft selbständig. Zwei Gärtnerinnen schließen sich zu einer Gesellschaft bürgerlichen Rechts zusammen und eröffnen ein Blumengeschäft.

In den beiden vorangestellten Beispielen entsteht der Gewerbebetrieb zwangsläufig durch Ausübung einer typischen gewerblichen Tätigkeit, der des selbständigen Handwerkers und der des Händlers.

b) Gewerbebetrieb kraft Rechtsform = sog. fingierter Gewerbebetrieb, § 2 Abs. 2 GewStG

Zwei Steuerberater gründen gemeinsam eine Steuerberatungs-GmbH, die ausschließlich freiberuflich tätig ist.
Das GewStG bestimmt, dass bestimmte Unternehmen kraft ihrer Rechtsform zum Gewerbebetrieb zu qualifizieren sind. Hierunter fallen die Kapitalgesellschaften und Genossenschaften, z.B. Aktiengesellschaften, Kommanditgesellschaften auf Aktien oder die Gesellschaft mit beschränkter Haftung. In diesem Fall löst jegliche Tätigkeit eine Gewerbesteuerpflicht aus! Obwohl die Steuerberatungs-GmbH keine gewerbliche Tätigkeit ausübt, liegt allein aufgrund der gewählten Rechtsform der GmbH ein Gewerbebetrieb vor.

c) Gewerbebetrieb kraft wirtschaftlichem Geschäftsbetrieb = sog. fingierter Gewerbebetrieb, § 2 Abs. 3 GewStG

Der Segelverein Brise e.V. betreibt in seinen Räumen eine Vereinsgaststätte. Zusätzlich vermietet der Verein Räume an ein Versicherungsbüro.
Als Gewerbebetrieb gilt auch die Tätigkeit der sonstigen juristischen Personen des privaten Rechts und der nichtrechtsfähigen Vereine, soweit sie einen wirtschaftlichen Geschäftsbetrieb unterhalten. Der wirtschaftliche Geschäftsbetrieb ist nach § 14 AO eine selbständige nachhaltige Tätigkeit, durch die Einnahmen oder andere wirtschaftliche Vorteile erzielt werden und die über den Rahmen der Vermögensverwaltung hinausgeht. Die Absicht, Gewinn zu erzielen, ist nicht erforderlich. Auch kommt es nicht auf die Teilnahme am allgemeinen wirtschaftlichen Verkehr an. Lediglich die Merkmale Selbständigkeit und Nachhaltigkeit müssen erfüllt sein. Die Vermögensverwaltung ist kein Gewerbebetrieb.

Übersicht 3: Voraussetzungen für den wirtschaftlichen Geschäftsbetrieb

- Selbständigkeit
- Nachhaltigkeit
- Erzielung von Einnahmen
- Keine Vermögensverwaltung
- Keine Gewinnerzielungsabsicht erforderlich
- Keine Teilnahme am allgemeinen wirtschaftlichen Verkehr erforderlich.

Die Gewerbesteuerpflicht des Segelvereins beschränkt sich auf den wirtschaftlichen Geschäftsbetrieb der Gaststätte. Die Vermietungsleistungen fallen unter die Vermögensverwaltung und sind daher von der Gewerbesteuerpflicht ausgenommen. Eine Vermietungstätigkeit stellt typischerweise einen Teil der Vermögensverwaltung dar, siehe § 14 AO.

> Eine Vermögensverwaltung liegt in der Regel vor, wenn Vermögen genutzt, z.B. unbewegliches Vermögen vermietet oder verpachtet wird. Sie ist durch den Erhalt der Substanz gekennzeichnet.

Übersicht 4: Formen des Gewerbebetriebes

Stehender Gewerbebetrieb		
Gewerbebetrieb kraft gewerblicher Tätigkeit § 2 **Abs. 1** GewStG	Gewerbebetrieb kraft Rechtsform § 2 **Abs. 2** GewStG	Gewerbebetrieb kraft wirtschaft. Geschäftsbetrieb § 2 **Abs. 3** GewStG

Fall 6: Gewerblich geprägte Personengesellschaft

Die Grundbesitz GmbH & Co. KG verwaltet eigene Grundstücke. Komplementär ist die Grundbesitz GmbH, Kommanditisten sind diverse natürliche Personen. Die Geschäftsführung wird von der Komplementär-GmbH ausgeübt. Gesellschaftszweck ist die Verwaltung des gesellschaftseigenen Grundbesitzes. Liegt ein Gewerbebetrieb vor?

Eine GmbH & Co. KG, die nicht bereits nach § 15 Abs. 2 EStG kraft ihrer Betätigung gewerblich ist, wird gewerbesteuerpflichtig, wenn die Bedingungen nach § 15 Abs. 3 Nr. 2 Satz 1 EStG erfüllt sind. Ist der persönlich haftende Gesellschafter ausschließlich eine oder mehrere Kapitalgesellschaften und sind nur diese Personen, oder Personen die Nichtgesellschafter sind, zur Geschäftsführung befugt, dann nennt man dies eine gewerblich geprägte Personengesellschaft. Diese Gesellschaften stellen stets einen Gewerbebetrieb dar.

Die Grundbesitz GmbH & Co. KG betreibt Vermögensverwaltung. Damit sind die Anforderungen an § 15 Abs. 2 EStG nicht erfüllt. Da aber die Komplementär-GmbH die Geschäftsführung inne hat, handelt es sich nach § 15 Abs. 3 Nr. 2 Satz 1 EStG um eine gewerblich geprägte Personengesellschaft. Somit unterliegt diese Gesellschaft der Gewerbesteuerpflicht.

Mehrheit von Betrieben bei Einzelgewerbetreibenden

Fall 7: Betriebe verschiedener Art

Clementine Cappuccino betreibt einen Waschsalon und eine Eisdiele. Beides sind unstreitig gewerbliche Betätigungen. Wie viele Gewerbesteuererklärungen muss sie abgeben?

Nach Abschn. 16 Abs. 1 Satz 1 GewStR ist jeder Gewerbebetrieb eines Einzelunternehmers für sich zu besteuern, wenn ein Gewerbetreibender mehrere Betriebe verschiedener Art betreibt. Voraussetzung ist, dass beide Betriebe für sich völlig eigenständig existieren. Ein einheitlicher Gewerbebetrieb ist dagegen nur dann gegeben, wenn die verschiedenen ungleichartigen Tätigkeiten miteinander verflochten sind. Die Frage ist deshalb von Bedeutung, weil bei der Annahme von mehreren Gewerbebetrieben der gewerbesteuerliche Freibetrag nach § 11 GewStG mehrfach zur Anwendung kommt. Desweiteren ist die Thematik bei der Nutzbarmachung von etwaigen Verlustvorträgen relevant.

C.C. betreibt zwei Betriebe verschiedener Art. Sowohl der Waschsalon als auch die Eisdiele stellen für sich je einen eigenen Gewerbebetrieb dar. Eine Vernetzung der geschäftlichen Aktivitäten beider Betriebe, z.B. hinsichtlich Wareneinkauf, Personal, Werbung usw. ist nicht gegeben. Deshalb ist für jeden Betrieb eine gesonderte GewSt-Erklärung abzugeben mit dem Vorteil, dass der Freibetrag nach § 11 GewStG bei jedem Betrieb zum Abzug zugelassen ist.

Fall 8: Einheitlicher Gewerbebetrieb

Der Metzgermeister Bernd Bratwurst betreibt eine Metzgerei mit angeschlossenem Restaurant. Im Haupthaus befindet sich die Schlachterei mit Verkaufslokal und im angrenzenden Wintergarten unterhält B.B. ein Restaurant, in dem seine vielfältigen Fleischwaren angeboten werden. Unterhält B.B. einen oder zwei Gewerbebetriebe?

Gem. Abschn. 16 Abs. 1 Satz 4 GewStR ist ein einheitlicher Gewerbebetrieb anzunehmen, wenn ein Gewerbetreibender in derselben Gemeinde verschiedene gewerbliche Tätigkeiten ausübt und die verschiedenen Betriebszweige nach der Verkehrsauffassung und nach den Betriebsverhältnissen als Teil eines Gewerbebetriebes anzusehen sind.

B.B. unterhält in derselben Gemeinde (sogar auf demselben Grundstück) eine Schlachterei und ein Restaurant. Obwohl es sich hierbei um zwei verschiedene Tätigkeiten handelt, liegen keine zwei getrennten Gewerbebetriebe vor. Dass bei dem Betreiben einer Metzgerei und eines Restaurants in einem gemeinsamen Gebäudekomplex beide Betriebsteile voneinander profitieren, steht außer Frage. Zum einen ermöglicht diese Nähe eine gegenseitige Mitarbeit des Personals, zum anderen profitiert das Restaurant von der räumlichen Nähe zu seinem Lieferanten für Fleisch- und Wurstwaren. Es entspricht der allgemeinen Lebenserfahrung, dass zufriedene Restaurantkunden auch potentielle Kunden des Fleischereifachgeschäftes werden und umgekehrt. B.B. erreicht durch diese Nähe eine höhere Marktwirksamkeit. Die beiden Betriebsteile Metzgerei und Restaurant können deshalb nicht als völlig eigenständige Betriebe, die nebeneinander am Wirtschaftsleben teilhaben, beurteilt werden; im Gegenteil, sie fügen sich zu einem Betrieb zusammen. Deshalb ist das Unternehmen des B.B. als ein einheitlicher Gewerbebetrieb zu versteuern.

Fall 9: Einheitlicher Gewerbebetrieb trotz verschiedenartiger Tätigkeiten

Zorro Zigarillo betreibt in einem angemieteten Ladengeschäft einen Tabakhandel und eine Lotto-Annahmestelle. Handelt es sich hierbei um zwei selbständige Gewerbebetriebe oder um einen einheitlichen Gewerbebetrieb?

Nach Abschn. 16 Abs. 1 Satz 7 GewStR können verschiedenartige Tätigkeiten bei enger organisatorischer, wirtschaftlicher oder finanzieller Verflechtung einen einheitlichen Gewerbebetrieb bilden. Der organisatorische Zusammenhang ist z.B. gegeben, wenn die Unternehmensbereiche in einem Geschäftslokal untergebracht sind. Für einen wirtschaftlichen Zusammenhang spricht, wenn sich die Unternehmensbereiche gegenseitig stützen, ergänzen oder bedingen. Der finanzielle Zusammenhang ist gegeben, wenn gemeinsame Aufzeichnungen geführt, gemeinsame Bankkonten unterhalten und gemeinsame Jahresabschlüsse aufgestellt werden.

Der Tabakhandel und die Lottoannahmestelle werden in einem gemeinsamen Geschäftslokal unter Einsatz derselben Arbeitskräfte ausgeübt. Darin zeigt sich der organisatorische Zusammenhang. Erfasst der Z.Z. den Gewinn für beide Betriebe einheitlich in einem Jahresabschluss, dann ist auch ein finanzieller Zusammenhang gegeben. Es bestehen auch wirtschaftliche Verflechtungen zwischen beiden Geschäftsbereichen. Richtet ein Einzelunternehmer in seinem Ladengeschäft einen weiteren Geschäftszweig ein, kann grundsätzlich davon ausgegangen werden, dass sich die gewerblichen Tätigkeiten gegenseitig ergänzen und unterstützen. Je nach prozentualem Anteil der Lotto-Umsätze an dem Gesamtumsatz ist diese Tätigkeit als Hilfs- oder Nebengeschäft zum Tabakhandel anzusehen. Trotz der Verschiedenartigkeit der Unternehmensgegenstände führt die Verflechtung beider Unternehmensbereiche dazu, dass das Unternehmen des Z.Z. als einheitlicher Gewerbebetrieb zu qualifizieren ist.

Fall 10: Mehrere Betriebe der gleichen Art

Clara Croissant eröffnet in drei verschiedenen Brandenburger Städten – nach französischem Vorbild gestaltete – Boulangerien. Sie bietet in diesen kleinen Geschäften französische Backwaren, echtes Baguette und Kaffeespezialitäten an. Das Konzept beruht auf einem Franchising-Vertrag mit einer französischen Firma, die mit diesem Modell in Frankreich sehr erfolgreich ist. Beim Franchising übernimmt der Franchising-Nehmer das unternehmerische Gesamtkonzept des Franchising-Gebers und setzt es an seinem Standort um. Wie viele Gewerbesteuererklärungen muss C.C. abgeben?

Hat ein Steuerpflichtiger mehrere Betriebe der gleichen Art, so können diese Betriebe eine wirtschaftliche Einheit bilden, sofern sie als gleichartig anzusehen sind, Abschn. 16 Abs. 2 GewStR. Betriebe sind als gleichartig anzusehen, wenn sie sachlich, insbesondere wirtschaftlich, finanziell oder organisatorisch zusammenhängen. Kriterien sind hierfür die Art der Betätigung, der Kunden- und Lieferantenkreis, die Geschäftsleitung, die Arbeitnehmerschaft, die Betriebsstätte, die Finanzierung des Vermögens usw.

Bei einem Franchise-Unternehmen deutet die Einheitlichkeit der Geschäftsidee und deren technische und organisatorische Durchführung eher auf einen einheitlichen Betrieb hin. Dass die drei Boulangerien mit dem identischen Warenangebot betrieben werden, begünstigt die Verhandlungsposition gegenüber Lieferanten. Ein weiteres Indiz für die Verknüpfung der Filialen in einem Franchise-Betrieb ist der Personalaustausch. Die Mitarbeiter können problemlos in jeder Filiale eingesetzt werden. C.C. wird nur eine Gewerbesteuererklärung abgeben, denn sie unterhält mit ihren drei Boulangerien einen einheitlichen Betrieb.

Mehrheit von Betrieben bei Personengesellschaften und Kapitalgesellschaften

Die Tätigkeit einer Personengesellschaft bildet immer – auch bei verschiedenartigen Tätigkeiten – einen einheitlichen Gewerbebetrieb, Abschn. 16 Abs. 3 GewStR.

Die Tätigkeit einer Kapitalgesellschaft (§ 2 Abs. 2 GewStG) gilt stets und im vollen Umfang als Gewerbebetrieb, Abschn. 16 Abs. 4 GewStR.

Fall 11: Atypisch stille Gesellschaft

Fiona Federweißer wird durch Gesellschafterbeschluss in das Weinhandelsgeschäft „Öchsle-OHG" aufgenommen. In dem Gesellschafterbeschluss heißt es hierzu: „F.F. wird zum 01.01.01 mit einer Einlage von EUR 100.000 als stille Gesellschafterin aufgenommen. Sie ist am Gewinn- und Verlust der Gesellschaft entsprechend ihrer Einlage beteiligt. Weiterhin ist F.F. an den ab 01.01.01 eintretenden Wertzuwächsen des Gesellschaftsvermögens sowie einem etwaigen Firmenwert beteiligt. Bei Beendigung der stillen Gesellschaft gelangt dieser Mehrwert zur Auszahlung". Erzielt F.F. Einkünfte aus Gewerbebetrieb?

Der stille Gesellschafter beteiligt sich an dem Handelsgewerbe eines anderen, indem er eine Vermögenseinlage leistet, die in das Vermögen des Inhabers des Handelsgeschäftes übergeht. Er tritt nach außen nicht in Erscheinung, es handelt sich um eine reine Innengesellschaft. Die typischen Merkmale der stillen Gesellschaft ergeben sich aus den §§ 230 ff HGB. Als stiller Gesellschafter kann sich jede natürliche oder juristische Person beteiligen. Für die steuerliche Beurteilung wird zwischen der typisch stillen und der atypisch stillen Gesellschaft unterschieden.

Übersicht 5: Abgrenzung zwischen typischer und atypischer stiller Gesellschaft

Typische stille Gesellschaft (**echte** stille Gesellschaft)	**Atypische** stille Gesellschaft (**unechte** stille Gesellschaft)
– der typische stille Gesellschafter ist nicht an den stillen Reserven sondern nur am laufenden Gewinn beteiligt, – ihm wird kein besonderer Einfluss auf die Geschäftsführung eingeräumt, – er wird wie ein Darlehensgeber mit der Option einer Gewinnbeteiligung behandelt.	– beim atypisch stillen Gesellschafter ist eine Beteiligung an den stillen Reserven gegeben, – er kann wie ein Unternehmer Einfluss auf das Schicksal des Unternehmens nehmen, – er ist am Gewinn und Verlust beteiligt, – er beteiligt sich als Mitunternehmer und nicht nur als Geldgeber, denn er trägt Mitunternehmerrisiko und entfaltet Mitunternehmerinitiative.
Einkünfte aus **Kapitalvermögen** gem. § 20 Abs. 1 Nr. 4 EStG	Einkünfte aus **Gewerbebetrieb** gem. § 15 Abs. 1 Nr. 2 EStG

Erfüllt der still Beteiligte die Voraussetzungen einer Mitunternehmerschaft, so ist er als Gewerbetreibender anzusehen.

F.F. ist gemäß Gesellschafterbeschluss ein Anteil an den stillen Reserven des Unternehmens eingeräumt worden. Hierdurch steht sie wirtschaftlich einem Mitunternehmer gleich. Steuerrechtlich liegt somit eine atypisch stille Gesellschaft gem. § 15 Abs. 1 Satz 1 Nr. 2 EStG vor.

Praxishinweis: *Schuldner der Gewerbesteuer ist nicht der atypisch beteiligte stille Gesellschafter selbst, sondern die Mitunternehmerschaft, respektive der Geschäftsinhaber (Abschn. 35 Abs. 2 Satz 1 GewStR). Für die stille Gesellschaft besteht keine objektive GewSt-Pflicht nach § 2 Abs. 1 GewStG, denn diese ist Mitunternehmer einer anderen gewerbesteuerpflichtigen Personengesellschaft. Die Öchsle-OHG als Inhaberin des Handelsgeschäftes schuldet im vorliegenden Fall die Gewerbesteuer – für die gesamte Mitunternehmerschaft – inklusive der atypisch stillen Gesellschaft. Der GewSt-Bescheid ist deshalb der OHG bekannt zu geben. F.F. hat zwar gewerbliche Einkünfte, aber einen Gewerbebetrieb im Sinne des GewStG hat sie nicht inne.*

Beginn und Ende der Gewerbesteuerpflicht

Fall 12: Einzelgewerbetreibende und Personengesellschaften

Die Reisekauffrau Petra Pharao beabsichtigt, ein Reisebüro für Ägyptenreisen zu eröffnen. Sie mietet im Januar ein Ladenlokal an und beauftragt einen Innendesigner, das Ladengeschäft im Stil eines ägyptischen Palastes auszustatten. Nach Beendigung der Umbau- und Einrichtungsarbeiten feiert sie im September die Eröffnung ihres Reisebüros „Am Nil". Wann beginnt die GewSt-Pflicht der P.P.?

Die Gewerbesteuerpflicht beginnt grundsätzlich mit der **Aufnahme der werbenden Tätigkeit.** Die Aufnahme der geschäftsüblichen Handlungen beginnt üblicherweise mit der Eröffnung des Geschäftslokals, bzw. mit dem Einsetzen der Werbung, der Aufnahme von Kundenbesuchen u. ä. Bloße Vorbereitungshandlungen, wie z.B. die Herrichtung eines Geschäftslokals oder die Errichtung eines Fabrikgebäudes, begründen noch keine GewSt-Pflicht, siehe Abschn. 18 Abs. 1 Satz 3 GewStR. Auch ist der Zeitpunkt der (evtl. erforderlichen) Eintragung im Handelsregister ohne Bedeutung, Abschn. 18 Abs. 1 Satz 4 GewStR.

Die für ein Reisebüro maßgebende Tätigkeit der P.P. begann im September mit der Eröffnung des Geschäftslokals. Zu diesem Zeitpunkt setzt die GewSt-Steuerpflicht ein.

Sofern der P.P. in der Phase der Vorbereitung Aufwendungen erwachsen, gehören diese nicht zum Gewerbeertrag. Dies hat zur Folge, dass

Anlaufverluste die GewSt-Belastung nicht mindern. Zur Klarstellung sei erwähnt, dass derartige Aufwendungen bei der einkommensteuerlichen bzw. körperschaftsteuerlichen Bemessungsgrundlage sehr wohl als Betriebsausgabe abzugsfähig sind. Während das EStG und das KStG beim gewerblichen Gewinn alle betrieblichen Vorgänge von den ersten Vorbereitungshandlungen zur Betriebseröffnung bis zur Veräußerung oder Entnahme des letzten betrieblichen Wirtschaftsguts berücksichtigt, ist Gegenstand der Gewerbesteuer nur der auf den laufenden Betrieb entfallende Gewinn.

Bei Einzelunternehmen und Personengesellschaften beginnt die GewSt-Pflicht mit der werbenden Tätigkeit. Bei gewerblich geprägten Personengesellschaften löst die Ingangsetzung des Gewerbebetriebes die GewSt-Pflicht aus.

Fall 13: Saisonbetriebe

Das Schifffahrtsunternehmen „Spree-Flotte-GmbH" bietet in der Zeit von April bis Oktober Schiffsfahrten auf den Berliner Gewässern an. Ende Oktober wird der Ausflugsverkehr regelmäßig mangels ausreichender Nachfrage eingestellt und im Frühjahr des Folgejahres wieder aufgenommen. In den Wintermonaten erfolgen Reparatur- und Wartungsarbeiten an den Schiffen. Auf welchen Zeitraum erstreckt sich die GewSt-Pflicht?

Eine vorübergehende Einstellung des Betriebes, wie sie bei Saisonbetrieben (z.B. Kurortbetriebe, Zuckerfabriken, Bauhandwerker) üblich ist, stellt lediglich eine Betriebsunterbrechung dar. Die Gewerbesteuerpflicht wird dadurch nicht aufgehoben, vgl. § 2 Abs. 4 GewStG.

Obwohl die werbende Tätigkeit der GmbH im Oktober endet und erst im folgenden Frühjahr wieder aufgenommen wird, ist dies nicht als Betriebseinstellung und erneute Betriebseröffnung anzusehen. Derartige für Saisonbetriebe übliche Unterbrechungen des laufenden Geschäftsbetriebes stellen lediglich ein Ruhen des Gewerbebetriebes dar, durch den die Gewerbesteuerpflicht nicht berührt wird.

Fall 14: Kapitalgesellschaften

Der Hotelier Wolf Welcome gründet die Wellness-Hotel-GmbH. Vor der Eintragung im Handelsregister schließt er bereits den Mietvertrag über die Immobilie ab und lässt die erforderlichen Renovierungsarbeiten ausführen. Wann beginnt die GewSt-Pflicht der GmbH?

Bei Kapitalgesellschaften beginnt die Gewerbesteuerpflicht grundsätzlich mit der Eintragung in das Handelsregister, siehe Abschn. 18 Abs. 2 GewStR. Sie kann aber auch schon vor diesem Zeitpunkt durch die Aufnahme einer geschäftlichen Tätigkeit nach außen in Erscheinung treten. Die nach außen tätig gewordene Vorgesellschaft bildet zusammen mit der später eingetragenen Kapitalgesellschaft einen einheitlichen Steuergegenstand.

Die GmbH des W. W. ist mit all ihren Handlungen von Beginn an, also bereits mit Abschluss des Mietvertrages, gewerbesteuerpflichtig.

> Bei Kapitalgesellschaften beginnt die GewSt-Pflicht mit der Aufnahme der nach außen gerichteten Tätigkeit, spätestens mit dem Handelsregistereintrag. Nach außen gerichtete Tätigkeit heißt nicht unbedingt werbend, sondern überhaupt tätig werden.

Fall 15: Insolvenz

Der Unternehmer Frank Fuß gerät mit seinem Handelsgeschäft für MP3-Player in die Insolvenz. Ist damit die GewSt-Pflicht beendet?

Die Eröffnung eines Insolvenzverfahrens führt nicht zwangsläufig zum Ende der GewSt-Pflicht, vgl. (Abschn. 19 Abs. 5 GewStR). Wird der Gewerbebetrieb nach Eröffnung des Insolvenzverfahrens durch den Insolvenzverwalter nicht eingestellt sondern aktiv fortgeführt, so besteht entsprechend die GewSt-Pflicht fort.

Die GewSt-Pflicht des F. F. endet nicht zwangsläufig mit der Eröffnung des Insolvenzverfahrens.

Fall 16: Unternehmerwechsel

Der Inhaber der Gärtnerei „Butterblume", Stephan Schippenstiel, veräußert sein Unternehmen zum 31.12.00 an Robert Rasen. Welche Folgen hat der Unternehmerwechsel von S. S. auf R. R. für die GewSt-Pflicht?

Nach § 2 Abs. 5 GewStG gilt ein Gewerbebetrieb als eingestellt, wenn dieser im Ganzen auf einen anderen Unternehmer übergeht. In diesem

Zeitpunkt erlischt die Steuerpflicht des übergegangenen Betriebes, vgl. Abschn. 20 Abs. 1 Satz 4 GewStR. Der Betrieb gilt als durch den bisherigen Unternehmer eingestellt. Der übernehmende Unternehmer bewirkt eine Neugründung.

Im Fall der „Butterblume" liegt ein Betriebsübergang im Ganzen vor. Mit dem Unternehmerwechsel gilt der Gewerbebetrieb des S. S. als eingestellt. Seine GewSt-Pflicht endet am 31.12.00.

Nach einem Unternehmerwechsel gilt der Gewerbebetrieb als durch den bisherigen Unternehmer eingestellt.

Diese Regelung steht in direktem Zusammenhang mit den Vorschriften zum gewerbesteuerlichen Verlustabzug gem. § 10a GewStG, siehe Lektion 6.

Hinweis: *Die Steuerpflicht der Einzelgewerbetreibenden und Personengesellschaften erlischt mit der tatsächlichen Einstellung des Betriebes, der Betriebsaufgabe, vgl. Abschn. 19 Abs. 1 GewStR. Bei Kapitalgesellschaften erlischt die GewSt-Pflicht mit dem Einstellen jeglicher Tätigkeit überhaupt. Dies ist üblicherweise der Zeitpunkt der finalen Verteilung des Gesellschaftsvermögens an die Gesellschafter (Abschn. 19 Abs. 3 GewStR).*

Übersicht 6: Beginn und Ende der GewSt-Pflicht

Rechtsform	Beginn	Ende
Einzelunternehmen Personengesellschaften	Einsetzen der werbenden bzw. der eigentlichen gewerblichen Tätigkeit	Tatsächliche Einstellung der gewerblichen Betätigung, Unterbrechungen bei Saisonbetrieben heben die Steuerpflicht nicht auf
Gewerblich geprägte Personengesellschaften	Ingangsetzung des Gewerbebetriebes	
Kapitalgesellschaften	Eintragung ins Handelsregister bzw. Aufnahme der nach außen gerichteten Tätigkeit	Tatsächliche Einstellung jeglicher Tätigkeit, Verteilung des Gesellschaftsvermögens

Lektion 2: Gewerbliche Einkünfte

Prüfung der Gewerblichkeit von Einkünften

Fall 17: Abgrenzung zu anderen Einkunftsarten

Verena Vormund ist als Berufsbetreuerin selbständig tätig. Ihr obliegt die Betreuung der vom zuständigen Amtsgericht zugewiesenen Personen bezüglich Vermögensfragen, aber auch in deren Gesundheits- und Wohnungsangelegenheiten. Hat V.V. einen Gewerbebetrieb inne?

Von den sieben Kriterien, die für das Vorliegen eines Gewerbebetriebes erfüllt sein müssen, stellt sich die Frage, ob die Tätigkeit eines berufsmäßigen Betreuers möglicherweise der Einkunftsart Einkünfte aus selbständiger Tätigkeit nach § 18 EStG unterfällt.

Streitbehaftet sind immer wieder jene Fälle, in denen die Abgrenzung zwischen zwei Einkunftsarten Schwierigkeiten bereitet. Die Grenzen sind oft fließend. Hat der Gesetzgeber keine Regelung getroffen, z.B. durch Aufnahme eines Berufes in den Katalog der begünstigen Berufe nach § 18 EStG, so müssen letztendlich die Finanzgerichte über die Qualifizierung einer Tätigkeit pro oder contra Gewerbebetrieb entscheiden.

Der BFH hat in seinem Urteil vom 04.11.2004, Az. IV R 26/03 entschieden, dass die Tätigkeit eines berufsmäßigen Betreuers gewerblich ist. Diese Tätigkeit ist weder im Katalog der selbständigen Berufe gelistet noch handelt es sich dabei um einen den Katalogberufen ähnlichen Beruf.

Fall 18: Abgrenzungsfälle

Das im Fall 1 praktizierte Prüfverfahren für die Einkünfte aus Gewerbebetrieb soll anhand weiterer Beispiele geübt werden. Liegt bei den nachfolgend gelisteten Berufen eine gewerbliche Betätigung vor? Die Tätigkeiten werden selbständig, d.h. nicht im Angestelltenverhältnis erbracht:

a) Arzt,

b) Apotheker

c) Trauerredner

d) Saucendesigner

e) Karatelehrer

f) Fakir

g) Architekt, als Bauunternehmer tätig

h) EDV-Berater

i) Abschiedsspiel eines Profifußballers

j) Berufssportler

k) Werbeeinnahmen eines Sportlers

l) Fotomodell

m) Produktwerbung durch Schauspieler

n) Klavierstimmer

o) Blumengärtnerei

p) Dackelzüchter

q) Sicherheitsberater

r) Astrologe

s) Berufskartenspieler

t) Rundfunkermittler

Lösung:

zu a): Der Arzt zählt zu den typischen Katalogberufen des § 18 Abs. 1 Nr. 1 EStG. Er ist also nicht gewerblich tätig.

zu b): Ein Apotheker betreibt ein gewerbliches Unternehmen. Er zählt weder zu den sog. Katalogberufen, noch ist dieser Beruf als katalogähnlich anzusehen. Der Beruf des Apothekers trägt zwar Züge eines freien Berufes des Gesundheitswesens, er betreibt aber auch ein Handelsgewerbe. Insofern nimmt der Apotheker eine Zwischenstufe zwischen Gewerbetreibendem und Freiberufler ein. Seinen Umsatz erzielt der Apotheker im Wesentlichen durch den Verkauf von Waren, die überwiegend fremdeingekauft werden. Er bedient sich hierzu eines Geschäftslokals, das zu festgelegten Zeiten geöffnet ist. Der Apothekerberuf weist folglich starke Ähnlichkeit mit dem Einzelhandelskaufmann auf.

zu c): Die Tätigkeit eines Trauerredners ist nicht freiberuflich (künstlerisch), sondern gewerblich, wenn der Redner überwiegend Redeschablonen einsetzt. Trauerreden werden allgemein nicht als Kunstwerke betrachtet, sondern als sog. Gebrauchsreden. Zwar kann eine Rede auch eine Kunstform sein, vergleichbar der Tätigkeit eines Schriftstellers. Allerdings fehlt es an eigenschöpferischer Tätigkeit, wenn der Redner in der Masse der Fälle ein Grundmuster verwendet und dieses für den Einzelfall variiert. In diesem Fall sind die Einkünfte als gewerblich einzustufen.

zu d): Ein gelernter Koch entwickelt als Saucendesigner in einer Versuchsküche Rezepte für Saucen. Für diesen Zweck kreiert er auch spezielle Gewürzmischungen, die unter seiner Anleitung in einer Gewürzmühle zusammengestellt werden. Erfolgversprechende neue Rezepte werden von einem Lebensmittelbetrieb mit Provisionen vergütet. Der Saucendesigner verschafft den Verbrauchern durch seine Phantasie, Inspiration und Kreativität neue Geschmackserlebnisse. Er vertritt deshalb die Auffassung, einen selbständigen künstlerischen Beruf nach § 18 EStG auszuüben.

Der BFH teilte diese Auffassung nicht. In seinem Urteil vom 03.03.1998 (Az. IV B 45/96) stellt der BFH fest, dass die Entwicklung von Rezepten keine künstlerische Tätigkeit sei. Nach heutigem Verständnis gliedert sich Kunst in die Teilbereiche Literatur, Musik, die bildenden und die darstellenden Künste. Dieses Kunstverständnis setzt voraus, dass das Kunstwerk den Gesichts- und Gehörsinn anspricht. Arbeiten, deren Bedeutung sich vorwiegend über den Geruchs- und Geschmackssinn erschließen, werden von diesem formalen Kunstbegriff nicht erfasst. Ein Saucendesigner, der eine Ausbildung als Koch absolviert hat, ist auch nicht wissenschaftlich tätig. Für die Annahme einer wissenschaftlichen Tätigkeit wird vorausgesetzt, dass Ausbildung und ausgeübte Tätigkeit der eines Katalogberufes vergleichbar ist. Für die Qualifizierung als katalogähnlichen Beruf, beispielsweise vergleichbar mit dem Handelschemiker, bedürfte es einer vergleichbaren Ausbildung. Damit unterliegen die Provisionen des Saucendesigners der Gewerbesteuer.

zu e): Der Karatelehrer betreibt ein kleines Karatestudio. Er ist Inhaber des Übungsleiterausweises des Landessportbundes. Die Lehrbefähigung zur Erteilung von Karateunterricht wurde ihm zuerkannt. Jede Art von unterrichtender Tätigkeit gehört grundsätzlich zu den freien Berufen, also auch der Karateunterricht. Eine eigenverantwortliche Unterrichtstätigkeit liegt vor, wenn die für diese Tätigkeit charakteristische persönliche Beziehung des Unterrichtenden zum Schüler hergestellt wird. Diese Voraussetzung ist immer dann erfüllt, wenn der Unterrichtende einen Teil des Unterrichtes selbst erteilt. Der Karatelehrer ist mithin freiberuflich, also nicht gewerblich tätig.

zu f): Die Darbietung eines Fakirs besteht darin, sich auf ein Nagelbrett zu legen und durch Glasscherben zu laufen, ohne dabei Verletzungen zu erleiden. Diese Tätigkeit zielt darauf ab, durch ungewöhnliche körperliche Fähigkeiten zu beeindrucken und damit das Publikum in Erstaunen und Verwunderung zu versetzen. Die Tätigkeit eines Fakirs erschöpft sich somit in der Unterhaltung. Es liegt keine künstlerische Tätigkeit vor, da der Fakir keine eigenschöpferische Leistung vollbringt. Die Honorare aus den Auftritten sind deshalb der Gewerbesteuer zu unterwerfen.

zu g): Ein Architekt, der sich nahezu ausschließlich als Bauunternehmer betätigt, erzielt gewerbliche Einkünfte. Der Tätigkeitsschwerpunkt eines Bauunternehmers liegt in der Errichtung von Gebäuden durch Einschaltung von Subunternehmern. Der Architektenberuf gehört gem. § 18 EStG zu den sog. Katalogberufen. Der erfolgreiche Abschluss einer für einen Katalogberuf vorgeschriebenen Ausbildung reicht allerdings allein nicht aus, um eine Tätigkeit den freien Berufen zuzuordnen. Für die Einordnung als freier Beruf ist auch auf die tatsächlich ausgeübte Tätigkeit abzustellen. Die Tätigkeit eines Bauunternehmers entspricht nicht der typischen Berufstätigkeit eines Architekten.

zu h): Ein EDV-Berater an sich ist kein Katalogberuf i.S.d. § 18 EStG. Es könnte sich aber um einen ingenieurähnlichen Beruf handeln. Das Vorliegen eines katalogähnlichen Berufes erfordert, dass der ähnliche Beruf mit dem Katalogberuf in den wesentlichen Punkten verglichen werden kann. Dazu gehört die Vergleichbarkeit der ausgeübten Tätigkeit und der Ausbildung. Setzt der Katalogberuf eine qualifizierte Ausbildung voraus, dann wird auch für den ähnlichen Beruf eine vergleichbare Ausbildung verlangt. Ingenieur ist, wer auf Grund eines Studiums befugt ist, die Bezeichnung Ingenieur zu führen. Die vergleichbare Ausbildung muss mit der Ingenieurausbildung in Breite und Tiefe verglichen werden können.

zu i): Der Profifußballer, Torwart in einem Verein der ersten Bundesliga und der Fußballnationalmannschaft, richtet aus Anlass der Beendigung seiner aktiven Karriere ein Abschiedsspiel aus. Profifußballer sind in der Regel arbeitsvertraglich gebunden und erzielen somit Einkünfte aus nichtselbständiger Tätigkeit gem. § 19 EStG. Mit der Planung, Vorbereitung, Organisation und Abwicklung dieses Spiels beauftragte er eine Sportagentur. Diese war verantwortlich für den ordnungsgemäßen und reibungslosen Veranstaltungsablauf, die Abstimmung mit der Polizei und den Ordnungskräften, die Vermarktung der Veranstaltung, die Presseinformation, die Betreuung der Mannschaften und der Gäste, den Kartenverkauf, das Festbankett, das Rahmenprogramm usw. Als offizieller Ausrichter des Abschiedsspiels fungierte der Fußballprofi selbst. Der erzielte Überschuss aus diesem Abschiedsspiel ist nicht den Einkünften aus nichtselbständiger Tätigkeit sondern jenen aus Gewerbebetrieb zuzurechnen. Die Organisation, Durchführung und Abwicklung des Abschiedsspiels erfolgte nicht weisungsgebunden durch den Arbeitgeber sondern selbständig und eigenverantwortlich durch den Sportler als Einzelunternehmer. Mit der vertraglichen Einbindung einer professionellen Sportagentur beabsichtigte er, das finanzielle Ergebnis zu optimieren. Durch sein Auftreten hat er seinen Unternehmerwillen kund getan. Die Annahme gewerblicher Einkünfte scheitert auch nicht am

Merkmal der Nachhaltigkeit. Auch wenn ein Abschiedsspiel nur ein einmaliges Ereignis darstellt, liegt eine Tätigkeit vor, die auf Wiederholung angelegt ist. Die Ausrichtung des Abschiedsspiels ist nicht isoliert zu betrachten, sondern im Kontext zu seiner sonstigen gewerblichen Tätigkeit zu beurteilen. Seine Tätigkeit ist letztendlich auf eine ganzjährige Vermarktung seines bekannten Namens gerichtet. Das Sportereignis wurde mit gezielter Werbung verknüpft, um sich künftige Einnahmefelder zu erschließen, so dass die Betätigung insoweit auch nachhaltig war.

Eine Tätigkeit ist auf Wiederholung angelegt, wenn sie von der Absicht getragen wird, daraus eine ständige Erwerbsquelle zu machen und die Tätigkeit auch tatsächlich wiederholt wird.

zu j): Berufssportler, die ihre Tätigkeit selbständig ausüben, sind gewerbesteuerpflichtig. Kennzeichnend für den Sport ist vorrangig der Wettkampfgedanke. Sportveranstaltungen dienen der Ermittlung eines Siegers. Ziel des Sportlers ist es, Preisrichter und Publikum durch besondere Fähigkeiten zu beeindrucken. Damit liegt, beispielsweise auch bei einem Eiskunstläufer, keine künstlerische Tätigkeit vor. Dagegen unterscheidet sich die künstlerische Tätigkeit eines Balletttänzers von sportlichen oder artistischen Darbietungen dadurch, dass dieser durch das Medium Tanz seine geistigen und seelischen Eindrücke frei und schöpferisch – als individuelle Künstlerpersönlichkeit – ausdrückt.

zu k): Ein Spitzensportler, der beim Deutschen Sportbund als Arbeitnehmer angestellt ist und zusätzlich von Ausrüsterfirmen des Verbandes Zahlungen für Werbeleistungen erhält, erzielt diesbezüglich Einkünfte aus Gewerbebetrieb. Verwendet ein Sportler bei der Austragung von sportlichen Wettkämpfen nur Artikel bestimmter Hersteller, so ist dies als gewerbliche Betätigung zu qualifizieren, denn die öffentlich deutlich sichtbare Benutzung bestimmter Erzeugnisse ist als Werbeleistung anzusehen.

Das entgeltliche Werben für bestimmte Erzeugnisse erfüllt den Tatbestand des Gewerbebetriebes.

zu l): Die Arbeit eines Fotomodells ist stets gewerblich. Für die Herstellung von Werbefotografien bedarf es keiner schauspielerischen – und damit künstlerischen – Leistung des Fotomodells. Das Posieren für Fotoaufnahmen ermöglicht nicht die Entfaltung einer eigenschöpferischen Leistung von künstlerischem Rang.

zu m): Hauptzweck der werbenden Tätigkeit ist die Anpreisung eines Gegenstandes. Ein Produkthersteller wirbt mit der Beliebtheit eines Schauspielers. Er ist in der Regel nicht an dessen künstlerischer Leistung interessiert. Muss sich der Schauspieler bei der Produktion bis ins Detail an die Weisungen des Auftraggebers halten, bleibt ihm kein ausreichender Spielraum für eigenschöpferische Leistung. Auch der Einsatz von Prominenten aus anderen Lebensbereichen, z.B. Sportlern, verdeutlicht, dass nicht die schauspielerische Fähigkeit im Vordergrund steht, sondern mit dem Namen der werbenden Person geworben werden soll. Die Einnahmen des Schauspielers aus der Werbetätigkeit sind deshalb den Einkünften aus Gewerbebetrieb zuzurechnen.

Allerdings kann eine Tätigkeit für Zwecke der Werbung durchaus den Tatbestand der selbständigen Arbeit nach § 18 Abs. 1 Nr. 1 EStG erfüllen. Eine künstlerisch gestaltete Werbeleistung erfordert eine weitreichende Einflussnahme auf die Produktion, wenn die Rolle mit einer rein künstlerischen eigenschöpferischen Darbietung vergleichbar ist.

zu n): Die Aufgabe eines Klavierstimmers besteht darin, die Flügel von Pianisten für Konzerte und Tonaufnahmen zu stimmen. Er stimmt die Instrumente nach dem Gehör. Für diese Tätigkeit ist eine besondere Musikalität erforderlich. Obwohl die Qualität des Klavierstimmens eine unabdingbare Voraussetzung für das musikalische Erlebnis darstellt, liegt nach Auffassung des BFH keine Künstlereigenschaft vor. Die Einflussnahme eines Klavierstimmers auf die Musikinterpretation tritt hinter der Kunst des Pianisten zurück. Es liegt keine eigenschöpferische Tätigkeit vor, somit sind seine Einkünfte gewerblich.

zu o): Eine Blumengärtnerei kann – je nach Ausgestaltung – als landwirtschaftlicher Betrieb oder als Gewerbebetrieb anzusehen sein. In einer Gärtnerei werden selbst produzierte Pflanzen und ggf.

zugekaufte Produkte verkauft. Beträgt der Zukauf fremder Erzeugnisse – gemessen am Einkaufswert – nicht mehr als 30% des Gesamtumsatzes, so liegt ein Betrieb der Land- und Forstwirtschaft vor. Ergibt der Umsatzvergleich ein Überschreiten der steuerschädlichen Zukaufsgrenze von 30%, dann stellt die Gärtnerei einen Gewerbebetrieb dar. Siehe hierzu Abschn. 15 Abs. 5 EStR.

zu p): Ein Züchter hält für seine Dackelzucht ca. 50 Muttertiere und zehn Vatertiere. Aus dem Verkauf der Welpen erzielt er einen Gewinn. Diese Einkünfte sind nicht als Einkünfte aus Land- und Forstwirtschaft zu qualifizieren.

Zu der Einkunftsart Land- und Forstwirtschaft gehören zwar auch die Einkünfte aus der Tierzucht und Tierhaltung, wenn eine bestimmte Zahl von Vieheinheiten je Hektar landwirtschaftlich genutzter Fläche nicht überschritten wird. Allerdings fordert die landwirtschaftliche Tierzucht und Tierhaltung einen Zusammenhang mit der landwirtschaftlichen Bodennutzung. Hunde dienen der Landwirtschaft herkömmlicher weise zum Hüten und als Wachtiere. Darüber hinaus werden sie als Jagdtiere eingesetzt. Erfolgt der Einsatz der Hunde für einen Betrieb der Landwirtschaft oder Forstwirtschaft, so sind sie Gegenstand der Erzielung von Einkünften aus Land- und Forstwirtschaft.

Dagegen bewegen sich die Haustierhaltung (als Gefährte des Menschen), die Gebrauchstierhaltung (als Polizeihunde und Blindenführhunde) und die Versuchstierhaltung (für Forschungszwecke) außerhalb der Land- und Forstwirtschaft. Hunde, die für derartige Zwecke gezüchtet werden, stehen nicht mehr im Zusammenhang mit landwirtschaftlicher Bodennutzung. Die Aufzucht und Veräußerung von Hunden ist daher regelmäßig gewerblich.

zu q): Ein selbständig tätiger Sicherheitsberater wird für ein, auf die Bewachung von Bankhäusern spezialisiertes, Sicherheitsunternehmen tätig. Der Beratervertrag umfasst folgende Aufgabenschwerpunkte:

– Erstellung von Sicherheitsanalysen und -konzepten sowie Identifizierung von sicherheitsrelevanten Schwachstellen am Objekt,

- Auswahl der zu Bewachungszwecken einzustellenden Personen,

- Schulung der Geld- und Werttransportfahrer sowie des Bewachungspersonals,

- Schulung im Gebrauch von Schusswaffen,

- Abnahme der internen betrieblichen Abschlussprüfung,

- Einweisung der objektbezogenen Wachmannschaften am konkret zu sichernden Objekt.

Für die Einordnung der Tätigkeit des Sicherheitsberaters ist zu untersuchen, ob dieser vorrangig eine unternehmensberatende Funktion wahrnimmt oder im Wesentlichen unterrichtend tätig ist.

Nach der Definition des BFH ist eine unterrichtende Tätigkeit – unabhängig vom Gegenstand der Unterrichts – jede Art der persönlichen Lehrtätigkeit zur planmäßigen Vermittlung von Wissen, Fähigkeiten, Fertigkeiten, Handlungsweisen und Einstellungen in organisierter und institutionalisierter Form.

Im vorliegenden Fall lastet der Schwerpunkt auf der Unterrichtung konkret objektbezogener Wachmannschaften für deren Einsatz an verschiedenen gefährdeten Einrichtungen der Auftraggeber. Es steht keinesfalls die Beratung des Auftraggebers bezüglich der Durchführung eigener Sicherungsmaßnahmen im Vordergrund, sondern die Schulung und Einweisung der Sicherheitskräfte am jeweiligen zu schützenden Objekt.

Die Tätigkeit eines Sicherheitsberaters, der Wachmannschaften des privaten Bewachungsgewerbes auswählt und ausbildet, ist keine gewerbliche Tätigkeit. Er erzielt Einkünfte aus freiberuflicher Tätigkeit.

zu r): Die Tätigkeit eines Astrologen besteht in der astrologischen Lebensberatung mittels Deutung von Horoskopen, durch Sterndeutung (Astrologie) sowie das Legen von Karten. Für die steuerliche

Einordnung einer derartigen Tätigkeit stellt sich die Frage, mit welcher Einkunftsart das Berufsbild vergleichbar ist.

Naheliegend könnte eine Einstufung als freiberufliche Tätigkeit sein. Nach § 18 EStG werden drei freiberufliche Tätigkeitsgruppen unterschieden:

- die selbstständige Ausübung eines Katalogberufes,

- die selbstständige Ausübung eines den Katalogberufen ähnlichen Berufes und

- die selbstständige Ausübung wissenschaftlicher, künstlerischer, schriftstellerischer, unterrichtender und erzieherischer Tätigkeit.

Der Beruf des Astrologen ist in der Liste der Katalogberufe nicht genannt. Auch ist ein den Katalogberufen ähnlicher Beruf nicht erkennbar. Hierfür müsste eine prinzipielle Übereinstimmung mit einem Katalogberuf in Ausbildung und beruflicher Tätigkeit gegeben sein.

Die erbrachte astrologische Lebensberatung könnte sich noch als wissenschaftlich, unterrichtend oder erzieherisch darstellen.

Eine wissenschaftliche Tätigkeit ist eine hochstehende, besonders qualifizierte Beschäftigung, die der Forschungstätigkeit vergleichbar ist. Eine praxisorientierte Beratung, die ein Astrologe erbringt, wird diesen Ansprüchen nicht gerecht.

Es handelt sich auch nicht um eine unterrichtende Tätigkeit. Unterricht ist das Vermitteln von Wissen, Fähigkeiten, Fertigkeiten, Handlungsweisen und Einstellungen in organisierter und institutionalisierter Form. Die punktuelle bloße, durch Horoskope, Kartenlegen und die Deutung von Sternen bestimmte Anleitung fällt nicht darunter. Es handelt sich nicht um das planmäßige Vermitteln eines bestimmten Fachgebietes in Unterrichtsform.

Eine erzieherische Tätigkeit liegt ebenfalls nicht vor. Erziehung ist die planmäßige Tätigkeit zur körperlichen, geistigen und charakterlichen Formung von Kindern zu mündigen Persönlichkeiten. Die Schulung von Erwachsenen ist in der Regel keine erzieherische Tätigkeit, weil mündige Menschen nicht mehr „erziehbar" sind. Die Beratung Erwachsener in Lebensfragen ist nicht auf Erziehung angelegt sondern stellt eine Hilfestellung im Alltagsleben dar.

Die Tätigkeit eines Astrologen stellt demnach eine gewerbliche Tätigkeit dar.

zu s): Ein Berufskartenspieler, der nahezu täglich mehrere Stunden mit einem festen Spielerstamm Geschicklichkeitskartenspiele wie Skat, Rommé und Backgammon gegen Geld betreibt, erfüllt die Merkmale des Gewerbebetriebes.

Die Grenzen zur Ausübung eines privaten Hobbys sind insoweit überschritten, als durch das regelmäßige tägliche stundenlange Spielen mit einem festen Spielerstamm eine Dienstleistung erbracht wird, die sich an die Allgemeinheit richtet. Der Kartenspieler nimmt am allgemeinen wirtschaftlichen Verkehr teil. Er bietet seinen Dienst, das Kartenspielen gegen Geld, nach außen hin an. Sein Spielerfolg ist durch die in jahrelangem Training erworbenen Fähigkeiten begründet, letztendlich also durch die eigene Leistung des Spielers.

Mit der Teilnahme an den Kartenspielen erbringt der Berufskartenspieler eine Leistung, die darauf gerichtet ist, dass er eine Gegenleistung, nämlich den Spielgewinn, erhält. Seine Betätigung ist auf Leistungsaustausch gerichtet. Die Spielgewinne des Berufskartenspielers sind gewerbesteuerpflichtig.

zu t): Ein Rundfunkermittler wird für eine Rundfunkanstalt tätig, indem er sog. Schwarzhörer aufspürt. Wenn die Höhe seiner Einnahmen weitgehend von seinem eigenen Arbeitseinsatz abhängt, er also das Entgeltrisiko trägt, ist er auch dann als Gewerbetreibender zu qualifizieren, wenn er nur für einen Vertragspartner tätig wird.

Die Aufgabe eines Rundfunkermittlers besteht darin, Auskünfte über die Anmeldung und das Bereithalten von Rundfunkempfangsgeräten sowie über die Zahlung der Rundfunkgebühren einzuholen sowie Rundfunkteilnehmer zur Anmeldung der von ihnen betriebenen Empfangsgeräte sowie zur Zahlung von Rundfunkgebühren zu veranlassen. Für seine Tätigkeit erhält er eine vereinbarte Provision. Seine Tätigkeit führt er nach eigenem Ermessen und auf eigenes Risiko durch.

Der Umstand, dass er nur für einen Auftraggeber tätig wird, könnte ihn zu einer „arbeitnehmerähnlichen Person" qualifizieren. Für das Bestehen eines Dienstverhältnisses muss allerdings der Arbeitnehmerbegriff erfüllt sein. Danach liegt ein Dienstverhältnis vor, wenn der Beschäftigte dem Arbeitgeber seine Arbeitskraft schuldet. Er muss unter der Leitung des Arbeitgebers stehen und weisungsgebunden sein. Ein Arbeitnehmer ist an feste Arbeitszeiten gebunden und bezieht Arbeitslohn, dessen Höhe nicht von seinem Arbeitserfolg abhängt.

Der selbstständig tätige Rundfunkermittler erfüllt nicht die Arbeitnehmereigenschaft. Er trägt eigenes unternehmerisches Risiko, er ist nicht in die betriebliche Organisation des Auftraggebers eingebunden und er ist in der Einteilung seiner Arbeitszeit frei.

Auch ist das Merkmal der Beteiligung am allgemeinen wirtschaftlichen Verkehr erfüllt. Der Rundfunkermittler bietet seine Tätigkeit am Markt für Dritte erkennbar gegen Entgelt an. Dass er seine Dienste nur an eine begrenzte Allgemeinheit richtet, ist unschädlich.

Wie die vorangestellten Beispiele verdeutlichen, sind die Grenzen zwischen den Einkunftsarten oft fließend. Bei Betrieben, die eine typische gewerbliche Tätigkeit ausüben (Produktion, Handel, nicht freiberufliche Dienstleistungen) ist die Einordnung als Gewerbebetrieb eindeutig. Handelt es sich jedoch um ein Unternehmen, das mit seiner Tätigkeit zu einer anderen Einkunftsart tendiert, ist im Einzelfall zu prüfen, ob die Merkmale des Gewerbebetriebes erfüllt sind. Deshalb ist es für die Einordnung der Einkunftsart von immenser Bedeutung, sich intensiv mit der Tätigkeit des zu beurteilenden Unternehmens auseinander zu setzen.

Fall 19: Gewerblicher Grundstückshandel
Dago Dack erwirbt im Jahr 01 sieben Eigentumswohnungen, die er zu Wohnzwecken vermietet. In den Folgejahren steigen die Immobilienpreise signifikant, so dass er sich entschließt, alle Wohnungen in den

Jahren 03 bis 05 mit Gewinn zu veräußern. Unterliegt dieser Gewinn der Gewerbesteuer?

Gewerbliche Einkünfte können sich auch im Grundstücksbereich ergeben. Der wiederholte An- und Verkauf von Grundstücken führt unter bestimmten Voraussetzungen zu gewerblichen Einkünften. Das nennt man dann „gewerblichen Grundstückshandel". Das entscheidende Abgrenzungsmerkmal ist die private Vermögensverwaltung.

Gewerbliche Betätigung muss den Rahmen der privaten Vermögensverwaltung überschreiten. Während bei der Vermögensverwaltung nur die „Früchte" der Nutzung des eigenen Vermögens besteuert werden, unterliegen beim Gewerbebetrieb auch Veräußerungsgewinne der Besteuerung.

Die Merkmale des gewerblichen Grundstückshandels haben sich durch die Rechtsprechung und Auslegung des § 15 EStG durch die Finanzverwaltung herauskristallisiert. Die Auffassung der Finanzverwaltung ist in dem BMF-Schreiben vom 26.03.2004, betreffend die Abgrenzung zwischen privater Vermögensverwaltung und gewerblichem Grundstückshandel, niedergelegt.

Leitsatz 2

Grundsätze des gewerblichen Grundstückshandels

Das Überschreiten der „Drei-Objekt-Grenze" gilt als Indiz für das Vorliegen eines gewerblichen Grundstückshandels. Die Veräußerung von mehr als drei Objekten innerhalb eines Fünfjahreszeitraums ist grundsätzlich gewerblich. Für sog. Branchenkundige verlängert sich dieser Zeitraum auf zehn Jahre. Als Objekt gelten Grundstücke jeglicher Art, also Eigentumswohnungen, Ein- und Zweifamilienhäuser, Mehrfamilienhäuser und Gewerbebauten. Grundstücke, die eigenen Wohnzwecken dienen, sind nicht einzubeziehen.

D.D. hat innerhalb des engen zeitlichen Zusammenhangs von fünf Jahren mehr als drei Objekte erworben und veräußert. Er ist damit als gewerblicher Grundstückshändler zu qualifizieren. Der Gewinn aus den Wohnungsverkäufen ist gewerbesteuerpflichtig.

Fall 20: Gewerbliche Vermietung

Hotelier Bert Breakfast betreibt in Stuttgart das Hotel „Traumhäusle". Liegt ein Gewerbebetrieb vor?

Die Vermietung unbeweglichen Vermögens ist grundsätzlich eine private Vermögensverwaltung. Allerdings kann die Immobilienvermietung den Bereich der Vermögensverwaltung überschreiten und gewerblichen Charakter erlangen, wenn der Vermieter erhebliche Zusatzleistungen erbringt, die nicht im Zusammenhang mit der unmittelbaren Vermögensverwaltung stehen.

Die Vermietung von Räumen ist dann als gewerbliche Tätigkeit anzusehen, wenn besondere Umstände hinzutreten, die der Betätigung des Vermieters als Ganzes das Gepräge einer selbständigen, nachhaltigen von Gewinnstreben getragenen Beteiligung am allgemeinen Verkehr verleihen. Solche Umstände liegen vor, wenn bei der Vermietung von Räumen nicht übliche Sonderleistungen des Vermieters angeboten werden oder wenn ein besonders schneller Mieterwechsel gegeben ist.

Ein Hotelbetrieb ist von einem permanenten Gästewechsel geprägt. Zusätzlich bietet ein Hotel neben der bloßen Zimmervermietung eine Vielzahl von Zusatzleistungen, wie Bettwäsche- und Handtüchergestellung, 24-Stunden-Servicebereitschaft, Frühstücksangebot u.v.m. Der Betrieb eines Hotels ist ein Gewerbebetrieb, denn die reine Zimmervermietung wird durch die hoteltypischen Sonderleistungen in den Hintergrund gedrängt. B.B. wird zur Gewerbesteuer herangezogen.

Einkünfteinfektion

Fall 21: Abfärberegelung bei Personengesellschaft

Die GbR Scarabäus, eine Goldschmiede und Schmuckgalerie, verkauft sowohl selbst hergestellten Schmuck als auch zugekaufte Ware. Hinsichtlich der selbst hergestellten Ware ist die Künstlereigenschaft nach § 18 Abs. 1 Nr. 1 Satz 2 EStG gegeben. Das Durchhandeln der zugekauften Ware, also der Warenein- und -verkauf, stellt eine typische gewerbliche Tätigkeit im Sinne des § 15 Abs. 1 Nr. 1 EStG dar.

Nach § 15 Abs. 3 Nr. 1 EStG gilt die Tätigkeit einer Personengesellschaft in vollem Umfang als gewerblich, sobald die Gesellschaft auch nur eine

Tätigkeit nach § 15 Abs. 1 Nr. 1 EStG ausübt. Nach der Abfärbetheorie ist die gesamte Tätigkeit der Gesellschaft als gewerblich zu qualifizieren. Grundsätzlich reicht bereits eine geringfügige gewerbliche Tätigkeit für die Infizierung der nicht gewerblichen Einkünfte.

Obwohl die GbR Scarabäus nur teilweise gewerblich tätig ist, gilt ihre gesamte Tätigkeit im vollen Umfang als gewerblich. Die gewerbliche Natur der Umsätze aus dem Schmuckhandel „färbt" die übrigen Umsätze aus künstlerischer Tätigkeit ein.

Leitsatz 3

Abfärbetheorie

Die Abfärbetheorie nach § 15 Abs. 3 Nr. 1 EStG bewirkt bei einer Personengesellschaft, die nur teilweise gewerblich tätig ist, eine Infizierung der nichtgewerblichen Einkünfte mit der Folge, dass sämtliche Einkünfte dieser Gesellschaft gewerblich sind.

Hinweis: Der BFH hat in dem sog. Krankengymnastenurteil *(Az. XI-R-12/98 vom 11.08.1999) einen gewerblichen Anteil von* 1,25% *am Gesamtumsatz für unschädlich erachtet. In dem Urteilsfall betrieb eine GbR eine Gemeinschaftspraxis für Krankengymnastik. Neben den Einnahmen aus freiberuflicher krankengymnastischer Tätigkeit erzielte die Gesellschaft weitere Einnahmen aus dem Handel mit behandlungsunterstützenden Produkten. Nach dem Grundsatz der Verhältnismäßigkeit soll ein äußerst geringer Anteil an gewerblicher Tätigkeit keine umqualifizierende Wirkung nach § 15 Abs. 3 Nr. 1 EStG auslösen. Dieses Urteil ist in die Einkommensteuerrichtlinien eingegangen, siehe H 15.8 Abs. 5 „geringfügige gewerbliche Tätigkeit" EStH.*

Fall 22: keine Abfärberegelung bei Einzelunternehmen

Dr. Hasenbein betreibt eine Tierarztpraxis. Aus seiner tierärztlichen Tätigkeit erzielt er Einkünfte aus selbständiger Tätigkeit. Zusätzlich realisiert er beträchtliche Umsätze aus dem Verkauf von Medikamenten und Impfstoffen an die Tierhalter. Mit der Medikamentenabgabe betreibt er einen gewerblichen Arzneimittelhandel, vergleichbar mit der Tätigkeit eines Apothekers. Hinsichtlich dieser Umsätze ist Dr. Hasenbein gewerblich tätig. Welche Schlussfolgerungen hinsichtlich der Gewerbesteuerpflicht sind zu ziehen?

In dem vorhergehenden Fall 21 haben wir gelernt, dass die Tätigkeit einer Personengesellschaft in vollem Umfang als Gewerbebetrieb gilt, auch wenn sie nur teilweise originär gewerblich ist. Diese im § 15 Abs. 3 Nr. 1 EStG definierte Abfärberegelung soll der Vereinfachung dienen. Sie begründet allerdings eine Ungleichbehandlung der Personengesellschaft gegenüber dem Einzelunternehmer. Während eine Personengesellschaft als ein Rechtsgebilde zu betrachten ist, dass nur einen Gewerbebetrieb hat, kann ein Einzelunternehmer gleichzeitig mehrere verschiedene Einkunftsarten verwirklichen. Deshalb unterliegt beim Einzelunternehmer nur die originär gewerbliche Tätigkeit der Gewerbesteuer.

Dr. Hasenbein realisiert nebeneinander zwei Einkunftsarten, Einkünfte gem. § 18 EStG sowie gem. § 15 EStG. Er ist mithin nur bezüglich des Medikamentenhandels gewerblich. Dazu ist es jedoch notwendig, komplett getrennte Aufzeichnungen für die beiden Einkunftsquellen zu führen sowie getrennte Kassen und Bankkonten zu führen. Selbst die Angestellten dürfen nicht dieselben sein.

Hinweis: *Würde Dr. Hasenbein seine Tierarztpraxis im Rahmen einer Personengesellschaft betreiben, würde die Abfärberegelung greifen und diese Gesellschaft würde ausschließlich gewerbliche Einkünfte erzielen.*

Fall 23: Abfärbung durch Photovoltaikanlage

Die Zahnärzte Zahn & Seide schließen sich zu einer GbR zusammen und betreiben eine Gemeinschaftspraxis. Sie errichten gemeinsam ein Praxisgebäude. Da sie beide sehr umweltbewusst sind, lassen sie auf der Südseite des Daches eine Photovoltaikanlage errichten, mit der Solarstrom produziert wird. Mit den Stadtwerken schließen sie einen sog. Volleinspeisungsvertrag, d.h. der gesamte produzierte Solarstrom wird ins Netz eingespeist. Ihren eigenen Strombedarf beziehen sie wiederum aus dem Netz. Da die Vergütung für den eingespeisten Strom nach dem EEG (Erneuerbare-Energien-Gesetz) wesentlich höher ist, als der Abnahmepreis für den Endverbraucher, erzielt die GbR neben den Einkünften aus der Zahnarzttätigkeit gewerbliche Einkünfte als Stromproduzent, mit der Folge dass die Abfärbetheorie des § 15 Abs. 3 Nr. 1 EStG greift. Damit mutieren die gesamten Einkünfte, also auch die aus der zahnärztlichen

Tätigkeit, zu gewerblichen Einkünften. Kann man den beiden Zahnärzten aus diesem Dilemma helfen?

Die Infizierung der freiberuflichen Einkünfte durch die gewerbliche Tätigkeit ließe sich dadurch vermeiden, indem Zahn & Seide hinsichtlich des Betreibens der Photovoltaikanlage eine zweite GbR gründen. Dann blieben die Einkünfte der Zahnarzt-GbR gem. § 18 EStG unberührt.

Fall 24: Keine Abfärbung bei gewerblicher Betätigung ohne Gewinnerzielungsabsicht

Die Tanzschule Ballhaus GbR erzielte im Berichtsjahr Einnahmen aus Tanzkursen in Höhe von EUR 20.000 sowie Erlöse aus dem Verkauf von Getränken in Höhe von EUR 3.000. Die Getränke bietet die Tanzschule als Service zum Selbstkostenpreis an, um den Teilnehmern der Tanzkurse in den Pausen eine kleine Erfrischung zu bieten. Welche Einkunftsart erzielt die Gesellschaft?

Mit der Erteilung von Tanzunterricht erzielt die Ballhaus GbR Einkünfte aus selbständiger Tätigkeit gem. § 18 EStG, denn die unterrichtende Tätigkeit ist eine freiberufliche. Nun handelt es sich bei dieser Tanzschule um eine Personengesellschaft, die sich neben der freiberuflichen Unterrichtstätigkeit auch noch gewerblich betätigt, denn der Getränkeverkauf ist eine typische gewerbliche Gastronomietätigkeit.

Die Tätigkeit einer Personengesellschaft ist insgesamt als gewerblich anzusehen, wenn sie auch eine gewerbliche Tätigkeit ausübt (§ 15 Abs. 3 Nr. 1 EStG). Wie wir uns eingangs in Lektion 1 bei den Merkmalen des Gewerbebetriebes gemerkt haben, gehört die Gewinnerzielungsabsicht mit zu den Voraussetzungen der Einkünftequalifikation nach § 15 EStG.

Der Getränkeverkauf in der Tanzschule erfolgt jedoch zum Selbstkostenpreis. Die GbR bietet die Getränke als zusätzlichen Service an, ohne die Absicht, damit Gewinn zu erzielen. Mithin ist eine Gewinnerzielungsabsicht nicht gegeben. Die Ballhaus GbR hat folglich keine gewerblichen Einkünfte, somit kommt die Abfärbetheorie nicht zur Anwendung. Wo nichts abfärben kann, kann auch nichts einfärben. Die Einnahmen aus der unterrichtenden Tätigkeit sind ungehindert den Einkünften aus selbständiger Tätigkeit zuzurechnen.

Würde der Getränkeverkauf dagegen mit Gewinnerzielungsabsicht betrieben werden, dann würden diese gewerblichen Einkünfte die Einkünfte aus Lehrtätigkeit durch die Abfärberegelung des § 15 Abs. 3 Nr. 1 EStG infizieren. In diesem Fall würden die gesamten Einkünfte der Tanzschule, also insbesondere auch jene aus Tanzkursen, zu den Einkünften aus Gewerbebetrieb gehören.

> Übt eine Gesellschaft überhaupt eine gewerbliche Tätigkeit aus, so ist ihre gesamte Betätigung als Gewerbebetrieb anzusehen.

Steuerbefreiung

Fall 25: Befreiung von der Gewerbesteuer

Die Young@Heart-GmbH betreibt ein Seniorenwohnheim sowie einen Krankentransport/Rettungsdienst. Ist dieser Betrieb möglicherweise von der Gewerbesteuer befreit?

Nach § 3 GewStG sowie §§ 12a, 13 GewStDV sind ausgewählte Betriebe von der Gewerbesteuer befreit.

Die Leistungen der Young@Heart-GmbH könnten von § 3 Nr. 20 GewStG erfasst werden.

Alten- und Pflegeheime, die von juristischen Personen des öffentlichen Rechts unmittelbar betrieben werden, sind nach § 3 Nr. 20 Buchst. a GewStG ohne weitere Voraussetzungen von der Gewerbesteuer befreit. Einrichtungen, die von einer natürlichen Person, einer Personengesellschaft oder einer juristischen Person des privaten Rechts betrieben werden, sind nach § 3 Nr. 20 Buchst. c GewStG von der Gewerbesteuer befreit, wenn mindestens 40% der Leistungen einem bestimmten Personenkreis (Pflegebedürftigkeit der Heimbewohner) zugute kommen.

Bezüglich des Krankentransportes hat der BFH geurteilt, dass diese Leistungen nicht unter § 3 Nr. 20 Buchst. d GewStG zu subsumieren sind. Danach ist eine Einrichtung, die zur vorübergehenden Aufnahme von pflegebedürftigen Personen dient, unter bestimmten Voraussetzungen von der Gewerbesteuer zu befreien. Der Transport von kranken und verletzten Personen ist lt. BFH keine Einrichtung im Sinne der vorgenannten Vorschrift.

Bei einem Unternehmen, das in der Form einer Kapitalgesellschaft geführt wird, liegen grundsätzlich gewerbliche Einkünfte vor, siehe § 2 Abs. 2 GewStG. Die Umsätze der Young@Heart-GmbH aus dem Rettungsdienst sind auch nicht gewerbesteuerfrei, da die Voraussetzungen des § 3 Nr. 20 Buchst. d GewStG nicht gegeben sind. Für den Betrieb des Seniorenheims könnte eine Befreiung nach § 3 Nr. 20 Buchst. c GewStG in Frage kommen, wenn die entsprechenden Nachweispflichten bezüglich der Pflegebedürftigkeit erfüllt sind.

Fall 26: Gewerbesteuerfreiheit von Privatschulen

Die Holiday-GmbH betreibt eine Hotelberufsfachschule mit angeschlossenem Internat. Eine behördliche Anerkennung als private Ersatzschule liegt vor. Die GmbH bietet Lehrgänge zur Ausbildung für Hotel- und Gastronomieberufe an. Während der Ausbildung wohnen die Auszubildenden in dem der Schule angegliederten Internat und werden im Schulrestaurant verpflegt. Die Umsatzstruktur der GmbH teilt sich folgendermaßen auf:

- Entgelt für Unterrichtserteilung 60 %

- Entgelt für Verpflegung 25 %

- Entgelt für Unterkunft 15 %.

Welche Teile des Gewerbeertrages werden von der Gewerbesteuerbefreiung nach § 3 Nr. 13 GewStG erfasst?

Gemäß **§ 3 Nr. 13 GewStG** sind private Schulen und andere allgemeinbildende oder berufsbildende Einrichtungen von der Gewerbesteuer befreit, wenn sie mit ihren Leistungen nach § 4 Nr. 21 UStG von der Umsatzsteuer befreit sind, **soweit der Gewerbebetrieb unmittelbar dem Schul- und Bildungszweck dient**. Nach § 4 Nr. 21 UStG sind die unmittelbar dem Schul- und Bildungszweck dienenden Leistungen privater Schulen und anderer allgemeinbildender oder berufsbildender Einrichtungen u. a. umsatzsteuerfrei, wenn sie als Ersatzschule staatlich genehmigt sind.

§ 3 Nr. 13 GewStG fordert nicht, dass alle Leistungen der Privatschulen gem. § 4 Nr. 21 UStG umsatzsteuerfrei sind. Wenn die Schule über die befreite Unterrichtsleistung hinaus weitere nicht befreite Leistungen erbringt, hindert das nicht eine teilweise Steuerbefreiung des Schul- und Bildungsbetriebs. Für Leistungen, die dem Schul- und Bildungszweck nur mittelbar dienen, besteht partielle Gewerbesteuerpflicht. In diesem Fall ist der Gewerbeertrag aufzuteilen.

Unsere GmbH erbringt mit dem Lehrgang zur Ausbildung für Hotel- und Gastronomieberufe eine nach § 3 Nr. 13 GewStG steuerfreie Leistung. Der Lehrgang dient unmittelbar dem Schul- und Bildungszweck. Mit dem Vorliegen der Genehmigung als private Ersatzschule erfüllt die GmbH die Voraussetzungen für die Steuerbefreiung.

Der Internatsbetrieb und die Schülerverpflegung sind von der Steuerbefreiung ausgeschlossen, da diese dem schulischen Bereich nur mittelbar dienen. Im Ergebnis ist die Befreiung von der Gewerbesteuer nur für den 60%igen Anteil des Gewerbeertrages zu gewähren, der auf die Unterrichtserteilung entfällt.

Fall 27: Gewerbesteuerfreiheit bei gemeinnütziger Tätigkeit

Der eingetragene Verein „Herz Bube" hat es sich zur Aufgabe gemacht, das Skatspiel zu fördern. In der Satzung heißt es hierzu:

„Zweck des Vereins ist die Pflege, Ausbreitung und Reinhaltung des Skatspiels nach den Bestimmungen der Skatordnung als einer Sportart, die in gemeinschaftsfördernder Weise besonders geeignet ist, geistige Fähigkeiten zu fördern und gesellschaftlich verbindlich zu wirken."

Kann der Verein die Steuerbefreiung gem. § 3 Nr. 6 GewStG beanspruchen?

Nach § 3 Nr. 6 GewStG sind Körperschaften, Personenvereinigungen und Vermögensmassen von der GewSt befreit, die nach der Satzung, dem Stiftungszweck oder sonstigen Verfassung und nach der tatsächlichen Geschäftsführung ausschließlich und unmittelbar gemeinnützigen, mildtätigen oder kirchlichen Zwecken dienen (§§ 51–68 AO).

Mithin ist zu prüfen, ob die Förderung des Skatspiels die Voraussetzungen der §§ 51 ff AO, insbesondere § 52 AO, erfüllt. Eine Körperschaft verfolgt gem. § 52 AO gemeinnützige Zwecke, wenn ihre Tätigkeit darauf gerichtet ist, die Allgemeinheit auf materiellem, geistigen oder sittlichen Gebiet selbstlos zu fördern. Die Norm führt bestimmte, als gemeinnützig anzuerkennende Zwecke auf. Für den Skatverein könnte die Förderung des Sports gem. § 52 Abs. 2 Nr. 21 AO oder die Förderung des Brauchtums gem. § 52 Abs. 2 Nr. 23 AO in Frage kommen.

Die Definition des Sports umfasst Tätigkeiten, die der körperlichen Ertüchtigung dienen, also eine über das ansonsten übliche Maß hinausgehende Aktivität erfordern. Das Skatspiel dient dagegen neben seinem Unterhaltungswert ausschließlich der Übung intellektueller Fähigkeiten. Eine körperliche Ertüchtigung wird nicht angestrebt.

Die Förderung des Skatspiels fördert auch nicht das traditionelle Brauchtum. Brauchtum ist ein Sammelbegriff für überlieferte Bräuche und Verhaltensweisen, wie Pflege und Erhaltung von Trachten, Liedern, Gedichten, Märchen, Tänzen, historischen Festen und Wettspielen. Das Skatspiel dagegen dient in erster Linie der Freizeitgestaltung in geselliger Form.

Die Förderung des Skatspiels erfüllt nicht die Voraussetzungen einer der im § 52 Abs. 2 AO aufgezählten gemeinnützigen Tätigkeiten. Damit ist die Befreiungsvorschrift des § 3 Nr. 6 GewStG nicht anwendbar.

II. Ermittlung der Besteuerungsgrundlage

Lektion 3: Gewerbeertrag

Ermittlung des Gewerbeertrages

Aus dem Wesen der Gewerbesteuer als einer auf den tätigen Betrieb bezogenen Sachsteuer folgt, dass in Grenzfällen die steuerliche Beurteilung nach EStG und GewStG unterschiedlich sein kann. Gegenstand der Gewerbesteuer ist nur der durch den laufenden Betrieb anfallende Gewinn.

Ausgangsbasis für die Berechnung der Gewerbesteuer ist der für die Zwecke der ESt bzw. KSt ermittelte Gewinn. Das ist sozusagen die „Urzelle", aus der der Gewerbeertrag abgeleitet wird. Im Allgemeinen stimmt dieser Gewinn mit dem für gewerbesteuerliche Zwecke festzustellenden Gewinn überein, vgl. Abschn. 38 Abs. 1 Satz 8 GewStR. Dieser Betrag ist jedoch nicht zwangsläufig bindend.

Nach der Rechtsprechung des BFH soll nur der Gewinn zur Gewerbesteuer herangezogen werden, der aus der laufenden Tätigkeit des Betriebes resultiert. Deshalb ist diese Ausgangsgröße im Bedarfsfall zu korrigieren. Erst der berichtigte Gewinn repräsentiert dann den für GewSt-Zwecke einzusteuernden Basiswert.

Leitsatz 4

Gewinn vor GewSt

Gewinn nach EStG/ KStG

+ ./. Berichtigungen

= Gewinn vor GewStG (berichtigt)

Die ggf. zu berichtigenden Sachverhalte sind in § 7 Satz 2 GewStG sowie in Abschn. 39 und 40 GewStR dargestellt. Dabei handelt es sich z.B. um folgende Vorgänge:

- Korrekturen wg. des Beginns oder Erlöschens der Gewerbesteuerpflicht,

- Korrekturen wg. der Anwendung des Halbeinkünfteverfahrens,

- Veräußerungsgewinne nach § 16 EStG (Veräußerung oder Aufgabe des Betriebes),

- Veräußerungsgewinne nach § 17 EStG (Verkauf einer Beteiligung),

- Entschädigungen nach § 24 EStG.

Dagegen gehören der Gewinn aus der Veräußerung oder Aufgabe des

- Betriebes oder eines Teilbetriebes einer Mitunternehmerschaft,

- Anteils eines Gesellschafters, der als Mitunternehmer anzusehen ist,

- Anteils eines persönlich haftenden Gesellschafters einer KgaA,

zum Gewerbeertrag, soweit er nicht auf eine natürliche Person als unmittelbar beteiligter Mitunternehmer entfällt.

Zur Übersetzung dieser doch ziemlich verklausulieren Formulierung im § 7 Satz 2 GewStG sollen die nachstehenden Ausführungen dienen.

Leitsatz 5

Gewerbeertrag bei Personengesellschaften

Sofern der Gewinn nicht auf eine natürliche Person als unmittelbar beteiligter Mitunternehmer entfällt, gehört dieser zum Gewerbeertrag. Außerdem gehören Ergebnisse aus Sonder- und Ergänzungsbilanzen sowie Vergütungen gem. § 15 Abs. 1 Nr. 2 EStG zum Gewerbeertrag.

Eine Besonderheit besteht beim Besteuerungsverfahren. Der Veräußerungsgewinn wird auf Ebene der Personengesellschaft besteuert, die ihren Betrieb aufgibt bzw. veräußert oder deren Anteile veräußert werden.

Übersicht 7: § 7 GewStG – Gewerbeertrag bei natürlichen Personen

	Gewerbeertrag bei natürlichen Personen		Erläuterungen
	ja	nein	
Gewinn aus der Veräußerung oder Aufgabe des Gewerbebetriebes bzw. Teilbetriebes		x	Die GewSt soll nur auf den laufenden Gewinn erhoben werden, Veräußerungsgewinne unterliegen nicht der GewSt.
Gewinn aus der Veräußerung einer zum Betriebsvermögen gehörenden Beteiligung an einer Mitunternehmerschaft (100 %)		x	Nur die vollständige (100 %) Veräußerung einer Beteiligung unterliegt nicht der GewSt.
Gewinn aus der Veräußerung eines Teils eines Mitunternehmeranteils (weniger als 100 % der Beteiligung)	x		Die teilweise Veräußerung eines Teils eines Mitunternehmeranteils durch eine natürliche Person stellt nach § 16 Abs. 1 Satz 2 EStG laufenden Gewinn dar und gehört damit zum Gewerbeertrag.
Gewinn aus der Veräußerung einer zum Betriebsvermögen gehörenden Beteiligung an einer Kapitalgesellschaft	x		Unabhängig von der Beteiligungshöhe unterliegt ein Gewinn aus der Veräußerung einer Beteiligung an einer Kapitalgesellschaft immer der GewSt.

Leitsatz 6

Gewerbeertrag bei Kapitalgesellschaften

Bei Kapitalgesellschaften sind alle Einkünfte als Einkünfte aus Gewerbebetrieb zu behandeln.

Fall 28: Veräußerung Teilbetrieb

Die Weinhändlerin Wilma Winzer unterhielt im Berichtsjahr zwei Weinhandlungen, zum einen das „Weinkontor an der Elbe" in Hamburg und zum anderen das „Weinkontor an der Spree" in Berlin. Sie erzielte einen Gewinn aus Gewerbebetrieb i.H.v. EUR 440.000 für beide Filialen. Darin ist auch der Gewinn aus der Veräußerung der Berliner Filiale i.H.v. EUR 80.000 enthalten.

Entsprechend dem Prinzip des GewStG, wonach nur laufende Erträge aus der werbenden Tätigkeit eines Unternehmens zu versteuern sind, sind gem. Abschn. 39 Abs. 1 Satz 2 Nr. 1 GewStR Gewinne nach § 16 EStG nicht der Gewerbesteuer zu unterwerfen. Nach § 16 Abs. 1 Nr. 1 GewStG gehört – einkommensteuerrechtlich – der Gewinn aus der Veräußerung eines Teilbetriebes zu den Einkünften aus Gewerbebetrieb.

Eine Einzelhandelsfiliale ist als Teilbetrieb anzusehen, wenn dieser Filiale der Wareneinkauf obliegt. Ein Teilbetrieb ist aufgegeben, wenn der Steuerpflichtige die bisher entfaltete Tätigkeit endgültig einstellt und alle wesentlichen Betriebsgrundlagen in einem Vorgang entweder in sein Privatvermögen überführt oder veräußert.

Die Einzelunternehmerin W.W. hat den Berliner Teilbetrieb mit einem Gewinn i.H.v. EUR 80.000 veräußert. Dieser Gewinn gehört nicht mehr zu dem „lebenden Betrieb". Es handelt sich um einen Veräußerungsgewinn nach § 16 EStG, der bei der Ermittlung des Ausgangswertes für den Gewerbeertrag zu eleminieren ist.

	Gewinn nach EStG:	EUR 440.000
./.	Gewinn aus der Veräußerung des Teilbetriebes	./. EUR 80.000
=	Gewinn vor GewSt (berichtigt)	EUR 360.000

Fall 29: Identität von Veräußerer und Erwerber

Die Weinhändlerin Wilma Winzer aus Fall 28 veräußert die Berliner Weinhandlung an die Vino-OHG, an der sie selbst 40% der Anteile hält. Der Veräußerungsgewinn beträgt EUR 80.000. Welche Auswirkungen hat der partielle „An-sich-selbst"-Verkauf des Teilbetriebes auf den Gewerbeertrag?

Bei natürlichen Personen soll die Gewerbesteuer nur auf den laufenden Gewinn erhoben werden. Der Gewinn aus der Veräußerung eines Teilbetriebes unterliegt deshalb nicht der GewSt. Hiervon gibt es jedoch eine Ausnahme. Erfolgt der Verkauf „an sich selbst", dann soll die Steuerfreiheit für diesen Gewinns nicht greifen, vgl. Abschn. 39 Abs. 1 Nr. 1 Satz 3 GewStR.

W. W. hat den Teilbetrieb zu 40% an sich selbst verkauft, denn sie ist zu 40% an der erwerbenden OHG beteiligt. Von dem Veräußerungsgewinn i.H.v. EUR 80.000 sind 40% der Gewerbesteuer zu unterwerfen, also EUR 32.000.

> Bei Personenidentität zwischen Veräußerer und Erwerber unterliegt der Gewinn aus der Veräußerung oder Aufgabe des Gewerbebetriebes bzw. eines Teilbetriebes der Gewerbesteuerpflicht.

Fall 30: Betriebsaufgabe einer Kapitalgesellschaft

Die Sporty-GmbH, die ein Aerobic- und Fitnessstudio betreibt, erklärt die Betriebsaufgabe. Unterliegt der Betriebsaufgabegewinn der GewSt?

Die GewSt-Pflicht knüpft bei Kapitalgesellschaften allein an die Rechtsform an. Nach § 2 Abs. 2 Satz 1 GewStG gilt die Tätigkeit einer Kapitalgesellschaft stets und in vollem Umfang als Gewerbebetrieb. Deshalb fallen sämtliche von einer Kapitalgesellschaft entfalteten Tätigkeiten unterschiedslos in den Bereich der gewerblichen Betätigung, also auch Tätigkeiten, die im Zusammenhang mit der Betriebsbeendigung anfallen.

> Bei Kapitalgesellschaften gehört auch der Gewinn aus der Aufgabe des Betriebes zum Gewerbeertrag nach § 7 GewStG.

Die Sporty-GmbH ist eine Kapitalgesellschaft. Nach § 2 Abs. 2 Satz 1 GewStG gilt jegliche Tätigkeit der GmbH als gewerblich. Deshalb wird sie den Betriebsaufgabegewinn der Gewerbesteuer unterwerfen müssen.

Nachdem wir uns nun eine einheitliche Berechnungsbasis für den gewerbesteuerlichen Gewinn erarbeitet haben, können wir jetzt zur eigentlichen Ermittlung des Gewerbeertrages fortschreiten.

Leitsatz 7

Ermittlung Gewerbeertrag

Die Besteuerungsgrundlage ist nach § 6 GewStG der **Gewerbeertrag**. Der Gewerbeertrag (§ 7 GewStG) ist der um **Hinzurechnungen** (§ 8 GewStG) und **Kürzungen** (§ 9 GewStG) modifizierte und nach den Vorschriften des EStG bzw. KStG ermittelte Gewinn des Gewerbebetriebes.

Lektion 4: Hinzurechnungen

Erhöhung des Gewerbeertrages durch Hinzurechnungen

Gemäß dem Objektsteuercharakter der Gewerbesteuer sind nach den §§ 8 und 9 GewStG diverse Hinzurechnungen und Kürzungen vorzunehmen, um den objektiven Gewerbeertrag zu ermitteln. Die Besteuerung soll unabhängig davon erfolgen, ob mit eigenen oder fremden Mitteln und Wirtschaftsgütern gewirtschaftet wird. Deshalb sind solche Elemente zu neutralisieren, die den objektiv erzielbaren Ertrag verändert haben. Solche Faktoren sind beispielsweise Zinsen, die ein Unternehmer für Fremdkapital gezahlt hat. Diese haben den Gewinn gemindert. Für die Zwecke der Gewerbesteuer soll jedoch die objektive Ertragskraft des Betriebes – unabhängig davon, ob die Finanzierung mit Eigen- oder Fremdkapital erfolgt – als Bemessungsgrundlage dienen. Aus diesem Grund werden die beispielhaft genannten Zinsen für gewerbesteuerliche Zwecke wieder hinzugerechnet, d.h. der Betriebsausgabenabzug wird teilweise revidiert.

Fall 31: Hinzurechnungen

Der Pizzeria-Betreiber Flavio Ferrari hat mit seinem Gastronomiebetrieb im letzten Jahr einen Gewinn aus Gewerbebetrieb in Höhe von EUR 225.000 erzielt. In der Bilanz sind u.a. folgende Sachverhalte als Betriebsausgabe verbucht:

- Zinsen für einen Betriebsmittelkredit, den F.F. für die Anschaffung der Restaurantausstattung aufgenommen hat: EUR 90.000

- Schuldzinsen für einen Überziehungskredit: EUR 12.000

- Miete für das Geschäftslokal: EUR 36.000

Wirken sich diese Geschäftsvorfälle auf den Gewerbeertrag aus?

Unter § 8 Nr. 1 GewStG werden verschiedenste Tatbestände, die im engeren oder weiteren Sinne Finanzierungskosten betreffen, zusammen gefasst. Für all diese hinzurechnungspflichtigen Entgelte gilt ein Hinzurechnungsfreibetrag von EUR 100.000. Von dem übersteigenden Betrag sind einheitlich 25% hinzurechnungspflichtig.

Die bedeutsamste Hinzurechnungsvorschrift betrifft die Entgelte für Schulden nach § 8 Nr. 1 Buchst. a GewStG. Zinsen, die ein Unternehmen für die Aufnahme von Schulden begleicht, sind unabhängig von der Laufzeit des Krediites hinzuzurechnen.

Weiterhin werden dem Gewerbeertrag nach § 8 Abs. 1 Buchst. e GewStG die Aufwendungen des Mieters für die Benutzung unbeweglicher Wirtschaftsgüter hinzugerechnet. Von dem Mietzins sind 65% zu berücksichtigen.

Übersteigt die Summe aller Hinzurechnungspositionen den Betrag von EUR 100.000, dann ist der überschießende Betrag mit 25% hinzuzurechnen.

Die Zinsaufwendungen des F.F. betragen EUR 102.000. Diese fließen zu 100% in die Berechnung ein. Von der Mietzahlung in Höhe von EUR 36.000 sind 65% zu berücksichtigen.

Gewinn vor GewSt:		EUR	225.000
Hinzurechnungen:			
+100% der Schuldzinsen	EUR 102.000		
+ 65% der Mietzinsen	EUR 23.400		
Summe der Hinzurechnungen:	EUR 125.400		
./. Hinzurechnungsfreibetrag	EUR 100.000		
=	EUR 25.400		
Hinzurechnung i.H.v. 25%		EUR	6.350
Gewerbeertrag:		EUR	231.350

Obwohl der einkommensteuerliche Gewinn nur EUR 225.000 beträgt, muss F.F. infolge der Hinzurechnungen nach § 8 Nr. 1 GewStG EUR 231.350 der Gewerbesteuer unterwerfen.

Die Hinzurechnungen sind unabhängig von der gewerbesteuerlichen Behandlung beim Zahlungsempfänger vorzunehmen, d.h. ob der Geschäftspartner die erhaltenen Einnahmen (z.B. aus Miet- und Pachtzinsen) als Einkünfte aus Vermietung und Verpachtung oder als Einkünfte aus Gewerbebetrieb versteuert (und damit der Gewerbesteuer unterwirft), ist für die Anwendung des § 8 GewStG irrelevant.

Nach den Vorstellungen des Gesetzgebers enthalten bestimmte Aufwendungen einen sog. Finanzierungsanteil. Dieser soll für GewSt-Zwecke nicht als Betriebsausgabe abzugsfähig sein. Der Zinsanteil wird pauschal mit den im § 8 Nr. 1 GewStG genannten Prozentsätzen ermittelt. Beispielsweise ist bei der Hinzurechnung für Lizenzgebühren ein Finanzierungsanteil von 25% festgelegt. Die einzelnen Hinzurechnungstatbestände mit ihren individuellen Finanzierungsanteilen sind in dem nachstehenden Leitsatz zusammengefasst.

Leitsatz 8

Die Einzeltatbestände des § 8 Nr. 1 GewStG

Norm	Hinzurechnungs-tatbestand	in %
§ 8 Nr. 1 Buchst. **a** GewStG	Entgelte für Schulden	100
§ 8 Nr. 1 Buchst. **b** GewStG	Renten und dauernde Lasten	100
§ 8 Nr. 1 Buchst. **c** GewStG	Gewinnanteil des stillen Gesellschafters	100
§ 8 Nr. 1 Buchst. **d** GewStG	Miet- und Pachtzinsen für bewegliche Wirtschaftsgüter des Anlagevermögens	20
§ 8 Nr. 1 Buchst. **e** GewStG	Miet- und Pachtzinsen für unbewegliche Wirtschaftsgüter des Anlagevermögens	65
§ 8 Nr. 1 Buchst. **f** GewStG	Entgelt für zeitlich befristete Überlassung von Rechten	25
§ 8 Nr. 1 GewStG	Hinzurechnungsfreibetrag: (Summe aller Posten – EUR 100.000) × **25%**	

Die Finanzverwaltung hat in einem koordinierten Ländererlass vom 04.07.2008 zu Anwendungsfragen zur Hinzurechnung von Finanzierungsanteilen nach § 8 Nr. 1 GewStG Stellung genommen. Beispielsweise wird der Komplex der Schuldzinsen sehr weit gefasst. Geschäftsunübliche Skonti (z.B. außergewöhnlich hohe Skonti von über 3 %) und vergleichbare Vorteile, Vorfälligkeitsentschädigungen und Diskontbeträge sind auch unter § 8 Nr. 1 Buchst. a GewStG zu subsumieren.

Fall 32: Erbbaurecht

Die Schulbuchverlag Bücherwurm-GmbH schloss mit der Stadt Berlin einen Erbbaurechtsvertrag über eine Immobilie ab. Das aufstehende Gebäude wird durch die GmbH als Druckereiwerkstatt genutzt. Für dieses Recht zahlt sie jährlich Erbbauzinsen an die Stadt. Sind diese Zinsen bei den Hinzurechnungstatbeständen zu berücksichtigen?

Mit einem Erbbaurecht wird das Recht begründet, auf einem fremden Grundstück ein Gebäude zu nutzen. Der Erbbaurechtsberechtigte zahlt für die Nutzung des Grundstücks den sog. Erbbauzins an den Grundstückseigentümer.

Gewerbesteuerlich stellen Erbbauzinsen ein Entgelt für die Nutzungsüberlassung des Grundstücks dar. Sie sind deshalb nach § 8 Nr. 1 Buchst. e GewStG wie Miet- und Pachtentgelte zu behandeln.

Die GmbH muss ein Viertel von 65 % der Erbbauzinsen dem Gewerbeertrag hinzurechnen, sofern die Summe der Hinzurechnungsbeträge den Freibetrag von EUR 100.000 übersteigt.

Fall 33: Lizenz

Die Filmproduktionsgesellschaft Zelluloid-GmbH lizenziert den Verleih des von ihr produzierten Films „Tom Bunt" an die Kinobetreiberin Film-Palast-KG. Lizenzgeber ist also die GmbH, Lizenznehmer die KG. Der KG erwachsen aus dem Verleihgeschäft Lizenzaufwendungen für die vereinbarte Spielzeit i.H.v. EUR 2.000.000. Wie ist diese Zahlung gewerbesteuerlich zu beurteilen?

Nach § 8 Nr. 1 Buchst. f GewStG sind Aufwendungen für die zeitlich befristete Überlassung von Rechten i.H.v. 25 % bei der Ermittlung des Hinzurechnungsbetrages zu berücksichtigen. Mit der Einräumung einer Lizenz wird einem Dritten das Recht zur Nutzung an Konzessionen, gewerblichen Schutzrechten, Urheberrechten, Lizenzrechten oder Namensrechten eingeräumt. Der Lizenzgeber gewährt dem Lizenznehmer zeitlich befristet ein bestimmtes Recht.

Im Fall 33 gestattet die GmbH der KG, den von der Lizenzgeberin produzierten Film in ihren Kinos vorzuführen. Für dieses Recht leistet die Lizenznehmerin eine Lizenzzahlung in Höhe von EUR 2.000.000. Nach § 8 Nr. 1 Buchst. f GewStG fließen 25% der EUR 2.000.000 in die Berechnung der Hinzurechnungen nach § 8 Nr. 1 GewStG der KG ein, also EUR 500.000. Würden bei der KG keine weiteren Hinzurechnungstatbestände vorliegen, käme der Freibetrag von EUR 100.000 zur Anwendung, so das EUR 400.000 verbleiben. Hiervon sind letztendlich 25% hinzurechnungsfähig, also EUR 100.000.

Fall 34: Durchleitung von Rechten (Vertriebslizenz)

Der Hardwarehändler Computermaus-GmbH installiert auf den zum Verkauf stehenden Computern eine Basissoftware der Firma Macrohard-AG. Die GmbH zahlt für das Recht, die Software installieren zu dürfen, eine Lizenz an die AG. Mit dem Verkauf der Computer an den Endkunden geht auch die lizenzierte Software auf den Kunden über. Wie ist die Lizenzzahlung gewerbesteuerlich zu beurteilen?

Eine Lizenzzahlung ist gem. § 8 Nr.1 Buchst. f GewStG ausnahmsweise nicht hinzuzurechnen, wenn es sich um eine sog. Vertriebslizenz handelt. Darunter versteht man eine Lizenz, die ausschließlich dazu berechtigt, ein Recht an einen Dritten „durchzuleiten" anstatt das Recht selbst zu nutzen. Der zwischengeschaltete Lizenznehmer wird nach dieser Vorschrift begünstigt. Die Begünstigung endet jedoch am Ende der Überlassungskette.

Die GmbH, als zwischengeschalteter Lizenznehmer, wird durch die Ausnahmeregelung im § 8 Nr. 1 Buchst. f GewStG von der Hinzurechnung der Lizenzgebühren verschont, da sie die Lizenz nicht selbst nutzt sondern an den Endkunden durchleitet. Diese Vergünstigung schließt den Endverbraucher jedoch aus. Handelt es sich bei ihm um ein gewerbliches Unternehmen, so unterfällt die von ihm zu entrichtende Lizenzgebühr der Hinzurechnung.

Übersicht 8: Hinzurechnung von Aufwendungen für die Überlassung von Rechten

Lizenz zur Eigennutzung	**Vertriebslizenz** (Durchleitung der Leistung)
Recht auf eigene Nutzung	Vertrieb lizenzierter Ware
Hinzurechnung erforderlich	Keine Hinzurechnung (Ausnahmeregelung)

Fall 35: Firmenwert

Apotheker Piet Pillendreher leistet ein jährliches Entgelt für die Überlassung des Firmenwertes der Apotheke „Zum schwarzen Schwan". Fällt dieser Geschäftsvorfall unter die Hinzurechnungen des § 8 Nr. 1 GewStG?

Das Entgelt könnte möglicherweise nach § 8 Nr. 1 Buchst. e GewStG als Miet- und Pachtzins für die Benutzung eines unbeweglichen Wirtschaftsgutes des Anlagevermögens zu berücksichtigen sein. Dagegen spricht jedoch, dass der Firmenwert ein immaterielles Wirtschaftsgut darstellt und damit weder beweglich noch unbeweglich ist.

Überlegenswert ist auch die Einordnung als Recht bei § 8 Nr. 1 Buchst. f GewStG. Darunter fallen beispielsweise Konzessionen, gewerbliche Schutzrechte, Urheberrechte, Lizenzrechte und Namensrechte. Der Firmenwert repräsentiert den Unterschiedsbetrag, der den tatsächlichen Ertragswert (Zeitwert der Vermögensgegenstände abzüglich Schulden) eines Unternehmens übersteigt. Dieser Wert kann sich aufgrund von Vorteilen bezüglich Standort, Kundenstamm, Knowhow u.v.m. ergeben. Der Firmenwert ist daher nicht mit einem Recht gleichzusetzen.

Im Ergebnis muss P.P. die Entgelte für die Überlassung des Firmenwertes nicht dem Gewerbeertrag hinzurechnen.

Fall 36: Anteil am Verlust einer Personengesellschaft

Der Apotheker Piet Pillendreher ist an der Ginko-KG beteiligt. Die Ginko-KG befasst sich mit der Entwicklung und Produktion von Nahrungsergänzungsmitteln und Vitaminpräparaten. In den ersten Jahren ihres Bestehens erzielt die KG hohe Anlaufverluste. Auf P.P. entfällt im

Berichtsjahr – bezogen auf seine Beteiligungsquote – EUR 10.000 Verlust, die er in seinem Jahresabschluss gewinnmindernd für das Apothekengeschäft verbucht hat. Wie erfolgt die gewerbesteuerliche Behandlung?

Neben den gängigen Hinzurechnungen im § 8 Nr. 1 GewStG führt § 8 GewStG unter den Ziffern 4 bis 12 weitere Sachverhalte auf, die eine Hinzurechnung nach sich ziehen.

Nach § 8 Nr. 8 GewStG sind dem Gewerbeertrag die Anteile am Verlust an einer in- oder ausländischen Personengesellschaft, bei der der Unternehmer als Mitunternehmer anzusehen ist, hinzuzurechnen.

Bei dieser Konstellation liegen zwei Gewerbebetriebe vor, die Apotheke und die KG. Grundsätzlich wirkt sich der Verlust der Personengesellschaft über den Verlustvortrag nach § 10a GewStG bei der Steuererklärung der KG (siehe Lektion 6) aus. Würde der Mitunternehmer diesen Verlust in seinem Gewerbebetrieb auch noch gewinnmindernd berücksichtigen, käme es zu einer doppelten Verlustberücksichtigung. Deshalb schreibt § 8 Nr. 8 GewStG im Fall des Verlustes eine Hinzurechnung vor.

P.P. muss den Verlust, den er aus der Beteiligung an der Ginko-KG erlitten hat, nach § 8 Nr. 8 GewStG hinzurechnen, denn dieser Verlust wird bei der KG bereits im Wege des Verlustvortrages nach § 10a GewStG verwendet.

§ 8 Nr. 8 GewStG verhindert eine Doppelbegünstigung von Verlusten.

Hinweis: *Das Pendant zu dieser Vorschrift ist § 9 Nr. 2 GewStG. Im Fall eines Gewinnes wird dieser spiegelbildlich gekürzt. Siehe hierzu Fall 42.*

Fall 37: Spenden bei Körperschaften

Die Bonsai GmbH, eine Gesellschaft, die sich auf die Anzucht von japanischen Bonsai-Bäumchen spezialisiert hat, leistete eine Spende von EUR 5.000 an ein Forschungsinstitut zur Förderung der Biodiversität. Die GmbH verbuchte die Spende als Betriebsausgabe. Wie wirkt sich die Spende bei der Gewerbesteuer aus?

Spenden finden grundsätzlich Berücksichtigung im Wege der Kürzung nach § 9 Nr. 5 GewStG (siehe Fall 44). Eine Stufe vorher, nämlich bei den Hinzurechnungen nach § 8 Nr. 9 GewStG, sind Spenden i.S. des § 9 Abs. 1 Nr. 2 KStG dem Gewerbebetrieb hinzuzurechnen. Der Bezug auf das KStG verdeutlicht, dass diese Norm nur Gewerbebetriebe betrifft, die der KSt unterliegen, also Körperschaften. Während bei Einzelunternehmern und Personengesellschaften eine Spendenzahlung den Gewinn nicht mindern darf, lässt das KStG eine Minderung des zu versteuernden Einkommens zu. Mit der Hinzurechnung soll sichergestellt werden, dass beim gewerbesteuerlichen Spendenabzug für alle Gewerbebetriebe von einer einheitlichen Bemessungsgrundlage ausgegangen wird.

Die Bonsai GmbH muss demzufolge diese Spende für wissenschaftliche Zwecke nach § 8 Nr. 9 GewStG hinzurechnen.

Mit der Hinzurechnung von Spenden nach § 8 Nr. 9 GewStG wird die Gleichbehandlung von Kapitalgesellschaften und Einzelunternehmern bzw. Personengesellschaften sicher gestellt.

Lektion 5: Kürzungen

Bereinigung des Gewerbeertrages mittels Kürzungen

Fall 38: Allgemeine Kürzung für zum Betriebsvermögen gehörenden Grundbesitz

Zum Betriebsvermögen der Gummibärchenfabrik Horiba GmbH gehört ein Produktionsgebäude. Der Einheitswert der Immobilie beträgt EUR 200.000. Wie wirkt sich dieser Umstand auf die Gewerbesteuer aus?

Nach § 9 Nr. 1 Satz 1 GewStG können immobilienbesitzende Gewerbebetriebe, die das Grundstück dem Betriebsvermögen zugeordnet haben, eine Kürzung beanspruchen. Danach ist eine Kürzung um 1,2% des maßgeblichen Einheitswertes auf den letzten Feststellungszeitpunkt statthaft. Das ist aber nicht die ganze Wahrheit. Zusätzlich muss man wissen, dass der Einheitswert nicht in seiner absoluten Größe in die Berechnung eingeht, sondern mit 140% anzusetzen ist. Das steht nun wiederum im § 121a BewG.

> Für Zwecke der Gewerbesteuer sind die auf den Werteverhältnissen zum 01.01.1964 beruhenden Einheitswerte mit 140% anzusetzen.

Mit dieser Kürzung soll eine Doppelbelastung mit Grundsteuer und Gewerbesteuer vermieden werden, denn wer ein Grundstück, das nicht im Betriebsvermögen sondern im Privatvermögen liegt, vermietet, erzielt Einkünfte nach § 21 EStG und ist nicht gewerbesteuerpflichtig. In diesem Fall fällt nur Grundsteuer an. Voraussetzung ist jedoch, dass der Grundbesitz nicht von der Grundsteuer befreit ist.

Im Fall 38 ermittelt sich die Kürzung nach § 9 Nr. 1 Satz 1 GewStG wie folgt:

Einheitswert EUR 200.000 × 140% × 1,2% = EUR 3.360. Die Horiba GmbH kann in ihrer Gewerbesteuererklärung eine Kürzung in Höhe von EUR 3.360 geltend machen.

Fall 39: Grundstücke im Beitrittsgebiet

Wie würde die Berechnung aussehen, wenn das Grundstück aus Fall 38 im Beitrittsgebiet belegen wäre und sich der Einheitswert auf den 01.01.1935 auf EUR 70.000 beliefe?

Wie nachstehend ausgeführt wird, gilt im Beitrittsgebiet der Einheitswert auf den 01.01.1935 (§ 129 BewG). Auch dieser Einheitswert wird für die Gewerbesteuer angepasst (§ 133 BewG).

> Für Zwecke der Gewerbesteuer sind im Beitrittsgebiet die auf den Werteverhältnissen zum 01.01.1935 beruhenden Einheitswerte folgendermaßen anzusetzen:
> – bei Mietwohngrundstücken mit 100 %
> – bei Geschäftsgrundstücken mit 400 %
> – bei gemischt genutzten Grundstücken, Einfamilienhäusern und sonstigen bebauten Grundstücken mit 250 % sowie
> – bei unbebauten Grundstücken mit 600 %.

Die Berechnung im Fall 39 stellt sich demnach wie folgt dar:

Einheitswert EUR 70.000 × 400 % × 1,2 % = EUR 3.360. Der Einheitswert auf den 01.01.1935 muss naturgemäß erheblich niedriger ausfallen als der Einheitswert auf den 01.01.1964. Diese Diskrepanz wird durch die Prozentsätze in § 133 BewG auf ein annähernd gleiches Niveau gehoben. Idealerweise ergibt sich dann für vergleichbare Grundstücke aus den alten und neuen Bundesländern der gleiche Kürzungsbetrag. Die GmbH kann in ihrer Gewerbesteuererklärung eine Kürzung in Höhe von EUR 3.360 geltend machen.

Verfahrensrechtlicher Hinweis: Der Einheitswertbescheid gilt als Grundlagenbescheid i.S.v. § 171 Abs. 10 AO sowie § 175 Abs. 1 Satz 1 Nr. 1 AO für den GewSt-Messbescheid. Das hat zur Folge, dass eine Änderung bei der Einheitswertveranlagung zwangsläufig eine Folgeänderung bei der GewSt-Veranlagung bewirkt.

Fall 40: Vermögensverwaltung

Die Grundstücksverwaltungs GmbH & Co. KG verwaltet ihren gesellschaftseigenen Immobilienbesitz. Ihr Gesellschaftsvermögen besteht aus einem Einkaufszentrum. Die KG erzielt Einnahmen aus der Vermietung der Geschäftslokale an verschiedenste Händler. Eigentlich betreibt die KG Vermögensverwaltung. Warum wird sie dann zur Gewerbesteuer heran gezogen?

Für die Gewerbesteuerpflicht ist die einkommensteuerliche Einordnung maßgeblich. Gewerbliche Einkünfte nach § 15 EStG erzielt auch eine Personengesellschaft, die keine der im § 15 Abs. 1 EStG genannten Betätigungen ausübt. Nach § 15 Abs. 3 Nr. 2 EStG liegt bei einer GmbH & Co. KG eine gewerblich geprägte Personengesellschaft vor, wenn die geschäftsführende GmbH der alleinige Komplementär ist.

Obwohl die KG eine vermögensverwaltende Tätigkeit ausübt, ist sie als gewerblich geprägte Personengesellschaft zu klassifizieren. Sie erzielt gewerbliche Einkünfte im Sinne des EStG und wird daher zur Gewerbesteuer heran gezogen.

Fall 41: Erweiterte Kürzung bei Grundstücksunternehmen

Der Einheitswert des Einkaufszentrums der KG aus Fall 40 beläuft sich auf EUR 400.000. Die Gesellschaft erzielte einen Gewinn aus der Verwaltung des Einkaufszentrums in Höhe von EUR 50.000. Das Ergebnis setzt sich folgendermaßen zusammen:

	Mieterträge	EUR	100.000
+	Zinserträge	EUR	10.000
./.	Betriebs- und Verwaltungskosten	EUR	60.000
=	Gewinn	EUR	50.000

Welche Möglichkeiten der Kürzung des Gewerbeertrages gibt es?

Unternehmen, die ausschließlich eigenen Grundbesitz verwalten, können alternativ zu der Kürzung nach § 9 Nr. 1 Satz 1 GewStG auch die Kürzung nach § 9 Nr. 1 Satz 2 GewStG beanspruchen. Hintergrund dieser Vorschrift ist, dass Unternehmen, die nur der Rechtsform wegen gewerbliche Einkünfte erzielen mit jenen vermögensverwaltenden Unternehmen gleichgestellt werden sollen, die keine gewerblichen Einkünfte (sondern Einkünfte aus Vermietung und Verpachtung) erzielen. Neben dem Grundbesitz verwaltetes eigenes Kapitalvermögen ist unschädlich.

Der Gewinn der KG im Fall 41 ist um die erwirtschafteten Zinserträge zu bereinigen, denn diese resultieren aus der Verwaltung von Kapitalvermögen, nicht von Grundbesitz. Der Gewerbeertrag, der aus der Verwaltung des Grundbesitzes resultiert, errechnet sich wie folgt:

Mieterträge		EUR	100.000
./.	Betriebs- und Verwaltungskosten	EUR	60.000
=	Gewinn	EUR	40.000

Von dem Gewerbeertrag in Höhe von EUR 50.000 kann die KG einen Kürzungsbetrag nach § 9 Nr. 1 Satz 2 GewStG in Höhe von EUR 40.000 in ihre Gewerbesteuererklärung eintragen.

Dagegen steht die Kürzungsmöglichkeit nach § 9 Nr. 1 Satz 1 GewStG:

EUR 400.000 × 140% × 1,2% = EUR 6.720. Offensichtlich ist die Kürzung nach Satz 2 vorteilhafter, denn EUR 40.000 > EUR 6.720.

Fall 42: Gewinne aus der Beteiligung an Personengesellschaften

Der Apotheker Piet Pillendreher aus Fall 36 ist immer noch an der Ginko-KG beteiligt. Die KG erzielt mittlerweile Gewinn. Auf P.P. entfällt im Berichtsjahr – bezogen auf seine Beteiligungsquote – EUR 20.000 Gewinn, den er in seinem Jahresabschluss gewinnerhöhend verbucht hat. Wie erfolgt die gewerbesteuerliche Behandlung?

Nach § 9 Nr. 2 GewStG ist der Gewinn zu kürzen um den Gewinnanteil aus einer in- oder ausländischen Personengesellschaft, bei der der Gesellschafter als Mitunternehmer anzusehen ist.

Da der Gewinn bei der Ginko-KG bereits der Gewerbesteuer unterworfen wird, wird P.P., um eine Doppelbelastung mit Gewerbesteuer zu vermeiden, seinen Gewinnanteil aus der gewerbesteuerlichen Bemessungsgrundlage seines Einzelunternehmens eleminieren. Er nimmt nach § 9 Nr. 2 GewStG eine Kürzung um EUR 20.000 vor.

§ 9 Nr. 2 GewStG ist die Parallelnorm zu § 8 Nr. 8 GewStG. Genauso wie Verluste, die den Gewinn aus Gewerbebetrieb beeinflusst haben, hinzugerechnet werden, müssen Gewinne gekürzt werden.

Übersicht 9: Beteiligung an Personengesellschaft

| Piet Pillendreher | → | beteiligt an | → | Ginko-KG |
| Einzelunternehmer | ← | Gewinn- bzw. Verlustanteil | ← | Personengesellschaft |

→ **Verlust**anteile werden hinzugerechnet nach § 8 Nr. 8 GewStG

→ **Gewinn**anteile werden gekürzt nach § 9 Nr. 2 GewStG

Fall 43: Ausländische Betriebsstätte

Die Koh-I-Noor-KG, ein Hamburger Unternehmen, das mit Edelsteinen handelt, hat im Berichtsjahr einen Gewinn nach einkommensteuerrechtlichen Vorschriften von EUR 1.500.000 erzielt. Neben der Hamburger Betriebsstätte unterhält die Gesellschaft eine weitere Betriebsstätte in Antwerpen (Niederlande). In Antwerpen ist die internationale Diamantenbörse angesiedelt. Hier wurde ein Drittel des Unternehmensgewinns erwirtschaftet. Wie hoch ist der für die Ermittlung des Gewerbeertrags einzusteuernde Gewinn?

Gemäß § 9 Nr. 3 GewStG ist der Gewerbeertrag um den Teil zu kürzen, der auf eine nicht im Inland gelegene Betriebsstätte entfällt. Grundsätzlich sind bereits nach § 2 Abs. 1 Satz 1 GewStG positive und negative Gewerbeerträge auszuscheiden, die auf eine ausländische Betriebsstätte entfallen. Formal wird diese Korrektur jedoch unter § 9 Nr. 3 GewStG subsumiert.

Der einkommensteuerliche Gewinn der KG ist nicht zwangsläufig unverändert für die Berechnung des Gewerbeertrages zu übernehmen. Das GewStG besteuert lediglich die aktive Inlandstätigkeit eines Betriebes. Der Gewinn der KG ist deshalb um den Gewinn aus der Antwerpener Betriebsstätte zu korrigieren. Letztendlich soll nur der im Inland erzielte Gewinn i.H.v. EUR 1.000.000 der Gewerbesteuer unterliegen:

Gewinn nach EStG		EUR 1.500.000
./.	Berichtigung um den Gewinn der ausländischen Betriebsstätte	EUR 500.000
=	Gewinn vor GewStG (berichtigt)	EUR 1.000.000.

Die Koh-I-Noor-KG muss von ihrem Gewinn in Höhe von EUR 1,5 Mio nur den im Inland erzielten Anteil von EUR 1,0 Mio der Gewerbesteuer unterziehen. Der Gewinn der ausländischen Betriebstätte ist nach § 9 Nr. 3 GewStG zu kürzen.

Fall 44: Spenden

Die Bonsai GmbH aus Fall 37 hat eine Spende für wissenschaftliche Zwecke an ein Forschungsinstitut zur Förderung der Biodiversität von EUR 5.000 geleistet. Eine Spendenbescheinigung liegt vor. Der Gewinn aus Gewerbebetrieb beträgt EUR 50.000. Die Bilanz der GmbH weist einen Umsatz von EUR 200.000 aus. Auf dem Konto Löhne und Gehälter sind EUR 75.000 ausgewiesen. Wie berechnet sich der Kürzungsbetrag?

Nach § 9 Nr. 5 Satz 1 GewStG sind Spenden und Mitgliedsbeiträge unter bestimmten Voraussetzungen abzugsfähig. Danach sind Zuwendungen bis zu einer Höhe von:

- 20% des Gewinns aus Gewerbebetrieb (bzw. des um die Hinzurechnungen nach § 8 Nr. 9 GewStG erhöhten Gewinns)

oder

- 4 Promille der Summe der gesamten Umsätze und der im Wirtschaftsjahr aufgewendeten Löhne und Gehälter

abzugsfähig. Ein diese Höchstbeträge übersteigender Betrag ist auf die Folgejahre unbegrenzt vortragsfähig (§ 9 Nr. 5 Satz 2 GewStG). Ein Spendenrücktrag auf vorangegangene Erhebungsjahre ist nicht zulässig.

Begünstigt sind Ausgaben zur Förderung steuerbegünstigter Zwecke i.S.d. §§ 52 – 54 AO. Darunter fallen mildtätige, kirchliche, religiöse, wissenschaftliche und besonders förderungswürdig anerkannte gemeinnützige Zwecke; also die klassischen Spenden. Die Zahlung muss aus Mitteln des Gewerbebetriebes geleistet worden sein. Weiterhin ist der Nachweis durch eine Zuwendungsbescheinigung auf amtlich vorgeschriebenem Vordruck Voraussetzung für den Spendenabzug. § 9 Nr. 5 Satz 5 GewStG verwehrt den Abzug von Mitgliedsbeiträgen, die an bestimmte Körperschaften geleistet werden, z.B. Mitgliedsbeiträge an einen Sportverein.

Die Bonsai GmbH hat eine Spende an eine förderungswürdige Institution geleistet. Es handelt sich dabei um eine Spende für wissenschaftliche Zwecke. § 9 Nr. 5 GewStG sieht nun zwei Berechnungsmethoden zur Ermittlung des Spendenabzugsbetrages vor.

erste Alternative:

Spende :	EUR	5.000
Gewinn:	EUR	50.000
Hinzurechnung nach § 8 Nr. 9 GewStG:	EUR	5.000
=	EUR	55.000
× 20 % =	EUR	11.000

Nach der ersten Alternative könnte die GmbH Spenden bis zu einer Höhe von EUR 11.000 in Abzug bringen.

Zweite Alternative:

Spende:	EUR	5.000
Summe der Umsätze sowie Löhne und Gehälter	EUR	275.000
× 4 / 1000stel =	EUR	1.100

Nach der zweiten Alternative wären von der Spende i.H.v. EUR 5.000 nur EUR 1.100 abzugsfähig. Die GmbH wird deshalb die erste Berechnungsmethode wählen und nach § 9 Nr. 5 GewStG einen Spendenabzug von EUR 5.000 vornehmen.

Leitsatz 9

Spendenabzug

Der Spendenabzug ist grundsätzlich bis zur Höhe von **20 % des Gewinns** aus Gewerbeertrag möglich. Bei Kapitalgesellschaften ist diese Bezugsgröße um die Hinzurechnungen gem. § 8 Nr. 9 GewStG anzupassen.

Alternativ kann der Spendenabzug auf **vier Promille** der Summe der gesamten **Umsätze** und der im Wirtschaftsjahr aufgewendeten **Löhne und Gehälter** begrenzt werden.

Hinweis *zu Parteispenden: Spenden an politische Parteien sind nicht abzugsfähig.*

Fall 45: Zuwendungen an Stiftungen

Die GbR M&H, die eine sehr erfolgreiche Kette von Modegeschäften betreibt, leistet eine Zuwendung i.H.v. EUR 500.000 an eine Stiftung. Ist diese Zuwendung als Spende abzugsfähig?

Nach § 9 Nr. 5 Satz 3 GewStG können Einzelunternehmer und Personengesellschaften auf Antrag Zuwendungen an Stiftungen neben dem Höchstbetrag nach Satz 1 bis zu einem Betrag von EUR 1 Mio im Jahr der Zahlung und in den folgenden neun Jahren als Kürzung berücksichtigen.

Die GbR kann demnach den Betrag von EUR 500.000 im Jahr der Zuwendung und in den neun folgenden Jahren abziehen.

Zuwendungen an Stiftungen können neben dem Höchstbetrag nach § 9 Nr. 5 Satz 1 GewStG bis zu einem Höchstbetrag von EUR 1,0 Mio in zehn Jahren als Kürzung vorgenommen werden.

Hinweis: *Abschließend noch ein Wort zur gewerbesteuerlichen Behandlung von Dividenden beim Empfänger. Die gewerbesteuerliche Beurteilung von Gewinnanteilen an einer Kapitalgesellschaft hängt entscheidend von der Höhe der Beteiligungsquote ab.*

Hält der Dividendenempfänger eine Beteiligung von unter 15% an der ausschüttenden Kapitalgesellschaft, dann werden die nach § 3 Nr. 40 EStG (Teileinkünfteverfahren) steuerfreien Anteile gem. § 8 Nr. 5 GewStG hinzugerechnet. Solche Dividenden nennt man Streubesitzdividenden. Die Dividende fließt im Ergebnis zu 100% in den Gewerbeertrag ein.

Dagegen werden Beteiligungen von 15% und mehr dank des Schachtelprivilegs von der Gewerbesteuer verschont. § 9 Nr. 2a und Nr. 7 GewStG bewirkt eine Kürzung um die im Gewinn enthaltene Dividende.

Streubesitzdividenden unterliegen beim Empfänger der GewSt. Liegt die Beteiligung an der Kapitalgesellschaft bei 15% oder oberhalb dieser Grenze, dann sind die Gewinnausschüttungen aus Schachtelbeteiligungen aufgrund des Schachtelprivilegs gewerbesteuerfrei.

Lektion 6 : Gewerbeverlust

Die gewerbesteuerliche Verlustnutzung

Fall 46: Verlustvortrag

Unser gewerblicher Grundstückshändler Dago Dack hat im Jahr 05 einen einkommensteuerlichen Gewinn von EUR 5 Mio erzielt. Dieser Betrag entspricht dem Gewerbeertrag nach § 7 GewStG. Die Grundstücksgeschäfte der Vorjahre waren nicht so erfolgreich. Aus den Jahren 01 bis 04 existiert ein vortragsfähiger Gewerbeverlust von EUR 4 Mio. Inwieweit kann dieser Altverlust zur Reduzierung des gewerbesteuerlichen Gewinns im Jahr 05 nutzbar gemacht werden?

Nach § 10a GewStG wird der Gewerbeertrag um nicht verbrauchte Verlustvorträge aus den Vorjahren gekürzt. Der Verlust ist vom **maßgebenden Gewerbeertrag**, d.h. nach Berücksichtigung von Hinzurechnungen und Kürzungen, abzuziehen. Allerdings sieht § 10a GewStG eine betragsmäßige Beschränkung des Verlustabzuges vor. In einem ersten Schritt können Verluste bis zu **EUR 1 Mio uneingeschränkt** vom Gewerbeertrag abgezogen werden, siehe § 10a **Satz 1** GewStG. Darüber hinaus kann ein Anteil von **60%** des verbliebenen Gewerbeertrages mit Verlusten verrechnet werden, siehe § 10a **Satz 2** GewStG.

Im Fall von D.D. sieht die Berechnung folgendermaßen aus:

§ 7 GewStG: maßgebender Gewerbeertrag:		EUR	5,0 Mio
§ 10a Satz 1 GewStG:	./.	EUR	1,0 Mio
verbleibender Gewerbeertrag :		EUR	4,0 Mio
§ 10a Satz 2 GewStG:			
60% von EUR 4 Mio = EUR 2,4 Mio			
maximal abzugsfähig	./.	EUR	2,4 Mio
steuerpflichtiger Gewerbeertrag:		EUR	1,6 Mio

D.D. kann von den aufgelaufenen Vorjahresverlusten i.H.v. EUR 4,0 Mio einen Betrag von EUR 3,4 Mio zur Reduzierung der gewerbesteuerlichen Bemessungsgrundlage im Jahr 05 einsetzen, so dass der steuerpflichtige Gewerbeertrag auf EUR 1,6 Mio abschmilzt.

Der verbliebene Rest des Verlustvortrages ist gem. § 10a Satz 6 GewStG gesondert festzustellen. Dieser berechnet sich für D.D. wie folgt:

Vortragsfähiger Verlust zum 31.12.04:		EUR	4,0 Mio
Verlustverbrauch gem. § 10a Satz 1 GewStG	./.	EUR	1,0 Mio
Verlustverbrauch gem. § 10a Satz 2 GewStG	./.	EUR	2,4 Mio
gesondert festzustellender verbleibender vortragsfähiger Gewerbeverlust zum 31.12.05 gem. § 10a Satz 6 GewStG		EUR	0,6 Mio

D.D. kann den verbliebenen Verlust in die Zukunft vortragen und mit künftigen Gewinnen verrechnen. Ein Rücktrag auf vergangene Veranlagungszeiträume ist nicht möglich. Der Grund hierfür liegt darin, dass die Gemeinden – denn die Gewerbesteuer ist eine Gemeindesteuer – ihre Haushalte nicht nachträglich ändern wollen bzw. können.

> Das GewStG sieht nur einen Verlustvortrag vor. Ein Rücktrag auf vorangegangene Jahre ist nicht möglich.

Leitsatz 10

Verlustverrechnung nach § 10a GewStG

- Der Verlust ist bis zu EUR 1,0 Mio uneingeschränkt vortragsfähig (§ 10a Satz 1 GewStG).
- Ein übersteigender (Rest-)Verlust kann mit 60% des nach Abzug von EUR 1,0 Mio verbliebenen Gewerbeertrags verrechnet werden (§ 10a Satz 2 GewStG).
- Ein verbleibender Verlustüberhang ist gesondert festzustellen (§ 10a Satz 6 GewStG).

Fall 47: Erbfall

Walter Weber hat zeitlebens den Weber-Verlag geführt, in dem sog. „Do-it-yourself-Ratgeber" für Heimwerker gedruckt wurden. In den letzten drei Jahren geriet das Unternehmen in die roten Zahlen und baute einen erheblichen Verlustvortrag auf. Über diese Sorgen verstarb W.W. Nach seinem Tod führte Tochter Wilma Weber den Betrieb als alleinige Erbin fort. Sie strukturierte das Verlagsprogramm radikal um, anstatt unpopulärer Handwerkertipps gab der Weber-Verlag nun Kochbücher heraus. Schon im ersten Jahr war ein stattlicher Gewinn zu verzeichnen. Kann Wilma den Verlustvortrag, der zu Walters Zeiten aufgelaufen ist, nutzen um die Gewerbesteuer-Belastung zu minimieren?

Voraussetzung für die Anwendung des § 10a GewStG ist die Unternehmens- und die Unternehmeridentität. Unternehmensidentität bedeutet, dass der im Anrechnungsjahr (Gewinnjahr) bestehende Gewerbebetrieb identisch ist mit dem Gewerbebetrieb, der im Jahr der Entstehung des Verlustes bestanden hat, vgl. Abschn. 67 GewStR. Unternehmeridentität bedeutet, dass der Gewerbetreibende, der den Verlustabzug in Anspruch nehmen will, den Gewerbeverlust zuvor in eigener Person erlitten haben muss, vgl. Abschn. 68 GewStR. Ein Unternehmerwechsel bewirkt den Wegfall des Verlustes. Davon sind auch Erbfälle betroffen.

Für Wilma bedeutet dies, dass sie den Verlustvortrag, der im väterlichen Betrieb aufgelaufen ist, nicht „mitgeerbt" hat. Die Unternehmeridentität ist nicht gegeben, denn Walter und nicht Wilma hat den Verlust erlitten. Walter hat den Verlust „mit ins Grab" genommen. Wilma wird den Gewinn deshalb in voller Höhe der Gewerbesteuer unterwerfen müssen.

Voraussetzung für den Verlustabzug nach § 10a GewStG ist die Unternehmer- und Unternehmensidentität. Bei der Unternehmensidentität kommt es auf die ausgeübte Tätigkeit an während bei der Unternehmeridentität entscheidend ist, wer das Unternehmen betreibt.

Fall 48: Personengesellschaft

Die drei Gesellschafter Michi, Bert und Samson haben vor Jahren die Handelskontor-OHG gegründet. Alle drei Gesellschafter sind je zu einem Drittel am Ergebnis der OHG beteiligt. Zum Jahresende scheidet Michi aus. Die Anteile verteilen sich nun auf Bert und Samson zu je 50%. Die OHG schiebt einen vortragsfähigen Gewerbeverlust von EUR 90.000 vor sich her. Wie wird mit diesem Verlust nach dem Ausscheiden von Michi verfahren?

Nach § 10a Satz 4 GewStG verteilt sich der Gewerbeverlust bei Mitunternehmerschaften auf die einzelnen Mitunternehmer entsprechend dem Gewinnverteilungsschlüssel. Scheidet ein Gesellschafter aus der

Mitunternehmerschaft aus, dann ist sein Anteil am Verlust verloren. Der Verlustabzug ist an die Person des Mitunternehmers geknüpft, die diesen Verlust erlitten hat.

Für die OHG bedeutet dies folgendes:

Der gemeinsam durch Michi, Bert und Samson erlittene Gewerbeverlust entfällt je zu einem Drittel auf die Gesellschafter, d.h. jeder partizipiert in Höhe von EUR 30.000. Da Michi die OHG verlässt, reduziert sich der abziehbare Gewerbeverlust um diesen Anteil, denn die verbliebenen Gesellschafter Bert und Samson haben diesen Anteil nicht persönlich erzielt. Der Verlust „klebt" quasi an jedem Mitunternehmer anteilig. Im Ergebnis wird die OHG nach dem Ausscheiden von Michi nur noch ein Verlustausgleichsvolumen von EUR 60.000 nutzen können.

Bei Personengesellschaften ist den Mitunternehmern der Gewerbeverlust entsprechend dem Gewinnverteilungsschlüssel anteilig zuzurechnen. Bei Ausscheiden eines Gesellschafters aus der Personengesellschaft entfällt der anteilige Verlustabzug.

Fall 49: Inanspruchnahme Verlustvortrag

Die Weinhändlerin Wilma Winzer hat einen maßgebenden Gewerbeertrag (nach Hinzurechnungen und Kürzungen) von EUR 20.000 ermittelt. Aus den Vorjahren existiert ein Verlustvortrag von EUR 5.000. Da der Gewerbeertrag unter dem Freibetrag für natürliche Personen i.H.v. EUR 24.500 liegt, möchte sie auf den Abzug des Gewerbeverlustes nach § 10a GewStG verzichten und dieses Verlustpolster für künftige gewinnstärkere Jahre konservieren. Ist das möglich?

Der Verlustabzug ist gem. Abschn. 66 Abs. 5 GewStR auch dann vorzunehmen, wenn der Gewerbeertrag dadurch unter den Freibetrag nach § 11 Abs. 1 GewStG fällt. Es besteht kein Wahlrecht.

W. W. muss die Kürzung des maßgebenden Gewerbeertrages um den Verlustvortrag dulden. Die Berechnung ist folgendermaßen vorzunehmen:

Maßgebender Gewerbeertrag:		EUR	20.000
abzüglich Verlustvortrag:	./.	EUR	5.000
=		EUR	15.000

abzüglich Freibetrag, max. EUR 24.500	EUR 15.000
=	EUR 0

Da systematisch der Verlustabzug nach § 10a GewStG vor dem Freibetrag nach § 11 GewStG vorzunehmen ist, kann der Freibetrag von EUR 24.500 nicht mehr in voller Höhe ausgeschöpft werden. Der Verlustvortrag von EUR 5.000 ist mithin verbraucht.

Fall 50: Wegfall Verlustvortrag bei Veräußerung Teilbetrieb

Die Recycling-KG ist in der Abfallwirtschaft tätig. Ihr Gesellschaftszweck besteht in der Wiederaufbereitung von Abfällen. Sie ist in zwei selbstständigen Teilbetrieben, dem Kunststoffrecycling und der Altglasverwertung, organisiert. Nachdem die KG mit der Sparte Kunststoffrecycling erhebliche Verluste erlitten hat, veräußert sie diesen Teilbetrieb. Anschließend beschränkt sich das Unternehmen nur noch auf die Altglasverwertung. Hat die Teilbetriebsveräußerung Auswirkungen auf den vortragsfähigen Gewerbeverlust?

Voraussetzung für die Nutzung von gewerbesteuerlichen Verlustvorträgen sind die Unternehmer- und Unternehmensidentität. Wird ein Teilbetrieb veräußert, dann ist der „Restbetrieb" nicht mehr derselbe, also nicht mehr identisch mit dem Betrieb vor Verkauf des Teilbetriebes. Die Unternehmensidentität ist weggefallen. Dies hat zur Folge, dass Verluste, die auf den veräußerten Teilbetrieb entfallen, nicht mit künftigen Gewinnen des Unternehmens verrechnet werden können. Diese Rechtsfolge ergibt sich aus dem BFH-Urteil vom 07.08.2008, Az. IV R 86/05.

> Mit der Veräußerung eines Teilbetriebes geht die Unternehmensidentität verloren. Gemäß § 10a GewStG geht damit der anteilige Verlustvortrag, der auf den veräußerten Teilbetrieb entfällt, unter.

Die Unternehmeridentität der KG ist unstreitig gegeben, denn an der Gesellschafterstruktur gab es keine Veränderungen. Allerdings ist die Unternehmensidentität durch die Veräußerung des Teilbetriebes Kunststoffrecycling weggefallen. Der Verlustvortrag der KG ist nach dem Verursacherprinzip auf die beiden Teilbetriebe aufzuteilen. Der Anteil, der auf den veräußerten Teilbetrieb Kunststoffrecycling entfällt, kann nicht mit (positiven) Gewerbeerträgen künftiger Veranlagungszeiträume verrechnet werden. Dieser anteilige Verlustvortrag verpufft ungenutzt.

Exkurs: Mantelkauf

§ 10a Satz 8 GewStG regelt die Verfahrensweise des Verlustabzuges beim sog. Mantelkauf. Unter einem Mantelkauf versteht man den Erwerb einer weitgehend vermögenslosen Kapitalgesellschaft, die jedoch über nennenswerte Verlustvorträge verfügt. Ziel ist es, diese Verlustvorträge für die Verrechnung mit künftigen Gewinnen nutzbar zu machen. Um einen Handel mit derartigen Verlustmänteln zu verhindern, wird die steuerliche Nutzbarmachung dieser Verlustvorträge erschwert. Bezüglich der gewerbesteuerlichen Verlustvorträge gilt folgendes:

Werden innerhalb von fünf Jahren mehr als 25% bis 50% der Anteile an einer Körperschaft übertragen, dann geht ein entsprechender Anteil am Verlustvortrag verloren. Werden mehr als 50% der Anteile übertragen, dann geht der Verlustvortrag gänzlich verloren.

III. Berechnung der Gewerbesteuer

Lektion 7: Ermittlung der Gewerbesteuer

Bemessung der Gewerbesteuer

Fall 51: Berechnungsschema

Die Schwestern Susi und Sandy Sorglos unterhalten in München ein Geschäft unter der Firmierung „Feine-Wäsche-OHG". Sie verkaufen dort hochwertige Wäsche und Strumpfwaren. Der Gewinn lt. Handelsbilanz beläuft sich auf EUR 200.000. In diesem Gewinn sind nachstehende Geschäftsvorfälle enthalten:

- Um den Warenbestand vorzufinanzieren, hat die OHG einen Betriebsmittelkredit in Höhe von EUR 70.000 aufgenommen. Hierfür sind Zinsen in Höhe von EUR 5.000 angefallen.

- Für die Anschaffung eines Firmen-Pkw wurde kurzzeitig ein Überziehungskredit in Anspruch genommen. Hierfür sind Zinsen i.H.v. EUR 3.000 angefallen.

- Die Gesellschaft unterhält in der Münchener Innenstadt ein Geschäftslokal. Hierfür leistete sie Mietzahlungen in Höhe von EUR 120.000.

- Aus Mitteln der OHG wurden zwei Spenden geleistet, eine an die katholische Kirche in Höhe von EUR 1.000 und eine an die CSU in Höhe von EUR 500. Spendenbescheinigungen liegen vor.

- Für das Berichtsjahr wurden GewSt-Vorauszahlungen in Höhe von EUR 7.000 an die Finanzkasse geleistet.

- Die Kauffrau Zenzi Zuber ist als stille Gesellschafterin an der OHG beteiligt. Sie erhielt für das Berichtsjahr einen Gewinnanteil von EUR 15.000.

- Zum Betriebsvermögen gehört ein Grundstück mit aufstehendem Gebäude unweit des Geschäftes. Die OHG nutzt das Gebäude als Lager. Der Einheitswert nach den Werteverhältnissen auf den 01.01.1964 beträgt EUR 6.000.

- Die OHG erhielt im Berichtsjahr eine Entschädigung für entgangenen Gewinn wg. einer behördlich angeordneten Geschäftsraumverlegung für die Zeit der Schließung des Geschäftslokals i.H.v. EUR 20.000.

Wie viel Gewerbesteuer muss die OHG zahlen? Aus dem Vorjahr existiert ein vortragsfähiger Gewerbeverlust i.H.v. EUR 22.000. Gemäß Auskunft der Stadtkämmerei München beträgt der Hebesatz für die bayrische Landeshauptstadt 490 %.

Die Ausgangsbasis für die Berechnung der Gewerbesteuer bildet gem. § 6 GewStG der Gewerbeertrag. Dieser bestimmt sich gem. § 7 GewStG nach dem Gewinn, wie er nach den Vorschriften des EStG bzw. KStG ermittelt wird, modifiziert um Hinzurechnungen (§ 8 GewStG) und Kürzungen (§ 9 GewStG). In der weiterführenden Berechnung wird ein evtl. Verlustvortrag (§ 10a GewStG) berücksichtigt, der Freibetrag abgezogen und die Steuermesszahl in Ansatz gebracht (§ 11 GewStG). Unter Anwendung des Hebesatzes (§ 16 GewStG) ergibt sich letztendlich die Gewerbesteuer. Der Berechnungsmodus ist in dem nachstehenden Schema skizziert.

Leitsatz 11

Berechnung der Gewerbesteuer

	§ 7 GewStG:	Gewinn nach EStG bzw. KStG, ggf. berichtigt
+	§ 8 GewStG:	Hinzurechnungen
./.	§ 9 GewStG:	Kürzungen
=	§ 7 GewStG:	maßgebender Gewerbeertrag
./.	§ 10a GewStG:	Gewerbeverlust (aus Vorjahren)
=	§ 11 Abs. 1 GewStG:	Gewerbeertrag abgerundet auf volle 100 Euro
./.	§ 11 Abs. 1 GewStG:	Freibetrag
=		verbleibender Betrag
×	§ 11 Abs. 2 GewStG:	Steuermesszahl
=		Steuermessbetrag
×	§ 16 GewStG	Hebesatz
=		Gewerbesteuer

Im vorliegenden Fall liegt als Ausgangsbasis der handelsrechtliche Gewinn vor. Dieser ist nun in den Gewinn für gewerbesteuerliche Zwecke überzuleiten.

Handelsbilanzgewinn:	EUR	200.000

Die Gewerbesteuer ist gemäß § 4 Abs. 5b EStG keine Betriebsausgabe. Daher muss die geleistete GewSt-Vorauszahlung, die den handelsrechtlichen Gewinn gemindert hat, wieder hinzugerechnet werden:

	+	EUR	7.000

Parteispenden sind ebenfalls nicht als Betriebsausgabe abzugsfähig, siehe § 4 Abs. 6 EStG. Die Zahlung an die CSU erhöht daher den Gewinn:

	+	EUR	500

Die im Gewinn enthaltene Entschädigung verbleibt im Gewerbeertrag der OHG, siehe Abschn. 39 Abs. 1 Nr. 3 Sätze 2 und 4 GewStR. Danach ist zu unterscheiden, ob die Entschädigung durch den werbenden Betrieb oder im Zusammenhang mit einer Betriebsaufgabe fließt. Die Entschädigung ist innerhalb des Gewerbebetriebes angefallen. Die OHG setzte ihre werbende Tätigkeit nach dem Umzug an den neuen Standort fort. Die Entschädigung zählt unmittelbar zum laufenden Gewinn der OHG. Es ist keine Änderung vorzunehmen.

Berichtigter Gewinn vor Gewerbesteuer § 7 GewStG: EUR 207.500

Hinzurechungen § 8 Nr. 1 GewStG

Sowohl die Zinsen für den Betriebsmittelkredit als auch die Überziehungszinsen sind nach § 8 Nr. 1 Buchst. a GewStG hinzuzurechnen. Auf die Laufzeit der Schulden kommt es nicht an.

Zinsen Betriebsmittelkredit	+	EUR	5.000
Zinsen Überziehungskredit	+	EUR	3.000

Der Gewinnanteil der stillen Gesellschafterin ist nach

§ 8 Nr. 1 Buchst. c GewStG hinzuzurechnen.	+	EUR	15.000

Die OHG zahlte für die Anmietung des Ladenlokals EUR 120.000. Davon sind gem. § 8 Nr. 1 Buchst. e GewStG

65% zu berücksichtigen:	+	EUR	78.000
Die Summe der Hinzurechnungen beträgt:		EUR	101.000

Nach § 8 Nr. 1 GewStG ist von dieser Summe der Hinzurechnungsfreibetrag von EUR 100.000 in Abzug zu bringen.

	./.	EUR	100.000
=		EUR	1.000

Von dem übersteigenden Betrag ist ein Viertel hinzuzurechnen.

EUR 1.000 × 25% = + EUR 250

Kürzungen § 9 Nr. 1 GewStG

Für das im Betriebsvermögen befindliche Lagergrundstück ist eine Kürzung um 1,2% des Einheitswertes möglich. Vorher ist zu prüfen, auf welchen Stichtag der Einheitswert ermittelt wurde. Vorliegend erfolgte die Bewertung auf den 01.01.1964. Gemäß § 121a BewG ist dieser Einheitswert mit 140% anzusetzen

EUR 6.000 × 140% × 1,2% =   EUR   100,80

Abrundung gem. § 30 BewG auf volle Euro: ./.   EUR   100

Kürzungen § 9 Nr. 5 GewStG

Die Spende an die katholische Kirche ist, da eine Spenden-Bescheinigung vorliegt, kürzungsfähig. Die Parteispende ist dagegen nicht begünstigt.

Maximal sind 20% des Gewerbeertrages als Spende abzugsfähig, also 20% von EUR 207.500 = EUR 41.500. Die geleistete Spende liegt unter dem Höchstbetrag und ist daher in voller Höhe abzugsfähig.

| | | | ./. | EUR | 1.000 |
| = | maßgebender Gewerbeertrag § 7 GewStG | | | EUR | 206.650 |

§ 10a GewStG

Der Gewerbeverlust von EUR 22.000 liegt eindeutig unter der Schallmauer von EUR 1,0 Mio, so dass er vollumfänglich zur Reduzierung des Gewerbeertrages eingesetzt werden kann: ./. EUR 22.000
= Gewerbeertrag EUR 184.650

§ 11 Abs. 1 GewStG Abrundung und Freibetrag

Abrundung des Gewerbeertrags auf volle EUR 100   EUR 184.600

Hiervon ist der Freibetrag in Höhe von EUR 24.500
in Abzug zu bringen, § 11 Abs. 1 Satz 3 Nr. 1 GewStG.
./. EUR 24.500
= verbleibender Betrag EUR 160.100

§ 11 Abs. 2 GewStG Steuermesszahl

Die Steuermesszahl beträgt 3,5 %.

EUR 160.100 × 3,5 % = EUR 5.603,50.

= Der Steuermessbetrag beläuft sich auf: EUR 5.603,50

§ 16 GewStG Hebesatz

Auf den Steuermessbetrag ist der individuelle Hebesatz der Gemeinde München von 490 % anzuwenden.

= EUR 5.603,50 × 490 % = Steuerschuld   EUR 27.457,15

Die Gewerbesteuer der OHG wird mit EUR 27.457,15 festgesetzt. Da bereits Vorauszahlungen in Höhe von EUR 7.000 geleistet wurden, beläuft sich die Abschlusszahlung auf EUR 20.457,15.

Leitsatz 12

Freibetrag und Steuermesszahl

Der Gewerbeertrag ist:
- bei natürlichen Personen und Personengesellschaften um einen **Freibetrag von EUR 24.500** und
- bei sonstigen juristischen Personen um einen **Freibetrag von EUR 3.900**

zu kürzen.

Kapitalgesellschaften erhalten keinen Freibetrag.

Die **Steuermesszahl** für alle Gewerbebetriebe beträgt einheitlich **3,5 %**.

Leitsatz 13

Hebesatz

Der Hebesatz wird von der hebeberechtigten Gemeinde bestimmt, wobei ein Mindesthebesatz von 200 % gem. § 16 Abs. 4 Satz 2 GewStG nicht unterschritten werden darf.

Mit dem Hebesatz haben die Gemeinden ein Instrument in der Hand, ihren Standort für Unternehmen attraktiver zu gestalten. Gerade Gemeinden, die sich in der Nähe von Großstädten mit i.d.R. hohen Hebesätzen befinden, erlangen durch niedrige Hebesätze einen Standortvorteil. Betriebe, deren Gewerbe nicht zwingend an bestimmte lokale Gegebenheiten gebunden sind, „flüchten" oft in die gewerbesteuerlich attraktiveren Vororte.

Beispielsweise hat die Gemeinde Weissach in Baden-Württemberg, eine deutsche Kleinstadt mit rd. 7.500 Seelen, einen Gewerbesteuerhebesatz von nur 320 %. Dort hat sich das Entwicklungszentrum der Porsche AG angesiedelt und beschert der Gemeinde hin und wieder üppige Gewerbesteuereinnahmen von über 50 Mio EUR im Jahr. Während ärmere Gemeinden in Deutschland mit permanenter Ebbe in der Haushaltskasse erfinderisch sein müssen, um ihre Haushaltsfinanzierung abzusichern (Berlin hat aus diesem Grund den Hebesatz bei Grundsteuern, also bei Hauseigentum, auf das Rekordniveau von 810 % angehoben!), können Gemeinden mit derart erfolgreichen Unternehmen entspannt in die Zukunft blicken. Ähnlich in Bezug auf sagenhafte Einnahmen verhält es sich mit kleinen Gemeinden, in denen die Energiewirtschaft Kraftwerke angesiedelt hat oder in denen große Softwarefirmen ihren Sitz genommen haben. Allerdings bleiben in der Regel nur 20 bis 25 % der Traumeinnahmen letztendlich bei den Gemeinden hängen. Finanzausgleiche und Umlagen schaffen entsprechenden Abflüsse an Kreise und Bundesländer. Das ist aber immer noch genug Geld, um hochtrabende Gemeindeträume zu verwirklichen. So entstehen etwa fürstliche Rathäuser, millionenschwere Vereins- bzw. Bürgerzentren oder auch selten ausgelastete Sporthallen.

Im Anhang sind die Hebesätze deutscher Städte über 50.000 Einwohner – sortiert nach Bundesländern – gelistet. Welchen Hebesatz hat Ihre Heimatgemeinde, bzw. die nächstgelegene größere Stadt? Schlagen Sie mal nach!

Verfahrensrechtlicher Hinweis: Das Veranlagungsgeschäft für die Gewerbesteuer erfolgt arbeitsteilig durch die Finanzämter und die Gemeinden – sofern die Funktion der Gemeinde nicht durch die Finanzämter übernommen wird, wie dies beispielsweise in den Städten Berlin und Hamburg der Fall ist. Der Gewerbesteuermessbetrag wird durch das Finanzamt festgesetzt, während die Gemeinde die Höhe der Gewerbesteuer durch Anwendung des eigenen Hebesatzes ermittelt. Eine ggf. erforderliche Zerlegung des Messbetrages (siehe folgende Lektion 8) gehört auch noch in den Verantwortungsbereich der Finanzverwaltung.

Noch ein Wort zu Rückstellungen

Bis zum Jahr 2007 war die Gewerbesteuer als Betriebsausgabe abzugsfähig, d.h. sie reduzierte die Bemessungsgrundlage für die Einkommen- und Körperschaftsteuer. Um in der Bilanz den tatsächlichen GewSt-Aufwand darzustellen, wurde in einem ersten Schritt die Höhe der festzusetzenden Gewerbesteuer ermittelt. Da die Gewerbesteuer als Betriebsausgabe ihre eigene gewerbesteuerliche Bemessungsgrundlage mindert, musste bei der Berechnung zusätzlich der Betriebsausgabeneffekt eingepreist werden. Dies erfolgte mittels zweier Berechnungsmethoden, der sog. 5/6tel-Methode und der Divisormethode. Durch die Einbuchung der Rückstellung gelangte die Gewerbesteuer noch in die Gewinn- und Verlustrechnung des betreffendes Jahres. Somit war die Gewerbesteuer periodengerecht als Aufwand erfasst.

Seit dem Jahr 2008 erübrigt sich die 2. Stufe, denn die Gewerbesteuer ist keine abziehbare Betriebsausgabe mehr. Die Rückstellung wird nur noch für handelsbilanzielle Zwecke ermittelt.

Hinweis: *Soweit seit 2008 Gewerbesteuer vom Finanzamt erstattet wird, die in der Vergangenheit dem Betriebsausgabenabzug unterlegen hat, ist diese als Einnahme zu erfassen.*

Seit 2008 ist eine GewSt-Rückstellung für steuerliche Zwecke nicht mehr zu bilden.

Lektion 8: Zerlegung

Zerlegungsverfahren

Fall 52: Zerlegung nach Arbeitslöhnen

Die Meersalz GmbH & Co. KG unterhält neben der Geschäftsleitung in Hamburg zwei Meerwasserentsalzungsanlagen. Eine Anlage der Gesellschaft befindet sich auf der Nordseeinsel Norderney und eine zweite Entsalzungsanlage ist auf der Insel Spiekeroog belegen. Die Höhe der Gewerbesteuerhebesätze beträgt in den drei Gemeinden:

- in Hamburg   470 %

- in Norderney   360 %

- in Spiekeroog   380 %.

In der Hamburger Geschäftsleitungsfiliale sind keine Arbeitslöhne angefallen. Von hier wird die Geschäftsführung durch die Komplementär-GmbH betrieben. Diese erhält als Mitunternehmer ein gesellschaftsvertraglich vereinbartes Honorar von EUR 30.000. In der Meerwasserentsalzungsanlage auf Norderney sind vier technische Mitarbeiter beschäftigt, die einen Arbeitslohn von EUR 120.000 verursachen. Darin enthalten sind EUR 10.000, die der Auszubildende erhalten hat. Diese vier Kollegen nehmen auch die technische Betreuung der Anlage auf Spiekeroog wahr. Der Arbeitszeitaufwand verteilt sich ungefähr hälftig auf beide Entsalzungsanlagen. Der Gewerbesteuermessbetrag der Meersalz GmbH & Co. KG beträgt EUR 2.000. Welche der drei Gemeinden bekommt nun die Gewerbesteuer in welcher Höhe?

Unterhält ein Unternehmen Betriebstätten in mehreren Gemeinden, so ist der Gewerbesteuermessbetrag auf die einzelnen Gemeinden zu zerlegen, § 28 GewStG. Die Zerlegung dient dazu, das Gewerbesteueraufkommen eines Betriebes auf die „betroffenen Gemeinden" zu verteilen. Eine Zerlegung ist auch in jenen Fällen vorzunehmen, in denen sich eine Betriebsstätte über mehrere Gemeinden erstreckt oder eine Betriebsstätte innerhalb des Erhebungszeitraums von einer Gemeinde in eine andere verlegt wird.

Im § 29 GewStG ist der Zerlegungsmaßstab definiert. Danach besteht grundsätzlich die einzige Möglichkeit darin, anhand des Verhältnisses der Arbeitslöhne in den einzelnen Betriebstätten eine Aufteilung vorzunehmen. Die Summe der Arbeitslöhne dient als Indiz dafür, welche Bedeutung die jeweilige Betriebsstätte innerhalb des Betriebes hat. Entsprechend hoch oder niedrig wird die Belastung der betroffenen Gemeinden, in denen die Betriebsstätten unterhalten werden, angesehen. Gemeinden mit hoher Belastung sollen deshalb stärker am Gewerbesteuerkuchen partizipieren als weniger beeinträchtigte Kommunen.

Was man gewerbesteuerrechtlich unter Arbeitslohn versteht, regelt § 31 GewStG. Dieser verweist auf die einkommensteuerrechtliche Definition im § 19 Abs. 1 Nr. 1 EStG, wobei Zuschläge für Mehrarbeit, Sonn-, Feiertags- und Nachtschichtzuschläge einzubeziehen sind. Vergütungen für (unternehmensfremde) Leiharbeiter bleiben unberücksichtigt.

Sind in den Arbeitslöhnen Vergütungen für Auszubildende enthalten, so sind diese gem. § 31 Abs. 2 GewStG auszusondern.

Werden Arbeitnehmer, die an einer Betriebstätte beschäftigt sind, in nicht unwesentlichem Umfang in anderen Betriebstätten beschäftigt, dann ist deren Arbeitslohn entsprechend aufzuteilen.

Eine weitere Besonderheit besteht bei „im Betrieb mitarbeitenden Mitunternehmern". Mangels Arbeitslohn als Aufteilungsmaßstab würde die Gemeinde, in deren Betriebsstätte keine Arbeitnehmer, sondern der Unternehmer selbst tätig ist, keinen Anteil an der Zerlegung erhalten. Für diesen Fall regelt § 31 Abs. 5 GewStG, dass der betroffenen Gemeinde pauschal EUR 25.000 „Zerlegungsanteil" für den Mitunternehmer zuzurechnen sind. Diese Vorschrift ist lt. BFH-Rechtsprechung auch anzuwenden, wenn bei einer KG die Geschäftsleitung von einer Komplementär-Kapitalgesellschaft durchgeführt wird.

Bei der Ermittlung der Verhältniszahlen sind die Arbeitslöhne auf volle EUR 1.000 abzurunden, § 29 Abs. 3 GewStG.

Die Meersalz GmbH & Co. KG unterhält in drei Gemeinden Betriebsstätten. Deshalb muss sie gem. § 28 GewStG am Zerlegungsverfahren teilnehmen. Die Aufteilung des Gewerbesteuermessbetrages erfolgt gem. § 29 GewStG nach dem Verhältnis der Arbeitslöhne. In der Hamburger

Betriebstätte sind keine Löhne geflossen. Allerdings sind stattdessen für den im Betrieb mitarbeitenden Mitunternehmer, die Komplementär-GmbH, pauschal EUR 25.000 zu berücksichtigen. Die vier Arbeitnehmer der Betriebstätte Norderney verursachen einen Arbeitslohn von EUR 120.000. Dabei bleibt die Vergütung für den Auszubildenden i.H.v. EUR 10.000 unberücksichtigt. Die verbleibenden EUR 110.000 sind hälftig auf die beiden Anlagen aufzuteilen, da die Mitarbeiter in beiden Betriebstätten ungefähr zur Hälfte tätig geworden sind. Damit entfallen je EUR 55.000 auf Spiekeroog und Norderney. Nach dem so ermittelten Verhältnis der Arbeitslöhne ist nun der Steuermessbetrag aufzuteilen. Unter Anwendung des individuellen Hebesatzes jeder Gemeinde ergibt sich die jeweils zu zahlende Gewerbesteuer.

Betriebstätte	Hamburg	Spiekeroog	Norderney
Arbeitslohn	25.000	55.000	55.000
Zerlegungs-anteil Steuer-messbetrag	EUR 2.000 × 25/135 = EUR 370,37	EUR 2.000 × 55/135 = EUR 814,81	EUR 2.000 × 55/135 = EUR 814,81
Hebesatz	470%	380%	360%
Gewerbesteuer	EUR 1.740,73	EUR 3.096,27	EUR 2.933,31

Die Zerlegung bewirkt eine Zuordnung der GewSt-Einnahmen zu bestimmten Gemeinden.

Fall 53: Windenergieanlagen

Wie wäre der vorherige Fall 52 zu lösen, wenn die GmbH & Co KG anstatt einer Meerwasserentsalzungsanlage sog. Windparks betreibt?

In einem Windpark wird die Windenergie zur Stromerzeugung genutzt, indem sog. Windenergieanlagen (Windräder) die Windkraft in elektrische Energie umwandeln und diese in das öffentliche Stromnetz einspeisen.

Für diesen Sonderfall wurde im § 29 Abs. 1 Nr. 2 GewStG mit dem Jahressteuergesetz 2009 ein besonderer Zerlegungsmaßstab eingeführt.

Danach wird die Gewerbesteuer zu 70 % nach dem Sachanlagevermögen und zu 30 % nach den Arbeitslöhnen verteilt. Mit dieser Neuregelung soll erreicht werden, dass Gemeinden, in deren Region Windenergieanlagen errichtet wurden, auch am Gewerbesteueraufkommen partizipieren.

Fall 54: Zerlegung nach Hilfsmaßstab

Ein gewerblicher Ferienwohnungsvermieter managt von seinem Wohnsitz in München die Vermietung seiner 12 Ferienwohnungen, die in einem Ferienpark in Jever gelegen sind. Arbeitslöhne fallen keine an. Nach welchem Maßstab ist die Zerlegung vorzunehmen?

Nach § 33 GewStG darf sich der Unternehmer im Ausnahmefall eines anderen Aufteilungsmaßstabes bedienen, wenn die Zerlegung nach Arbeitslöhnen zu einem unbilligen Ergebnis führt. Nur in diesem Fall ist auch ein anderer Aufteilungsschlüssel, z.B. nach erzielten Umsätzen, zulässig.

Grundsätzlich soll die Zerlegung gem. § 29 GewStG nach den Arbeitslöhnen erfolgen. Am Ort der Ferienwohnungen, in Jever, werden keine Löhne gezahlt. Dies hätte zur Folge, dass der Steuermessbetrag in voller Höhe dem Ort der Geschäftsleitung in München zugewiesen würde, da hier gem. § 31 Abs. 5 GewStG der fiktive Unternehmerlohn in der Wohnsitzgemeinde anzusetzen ist.

Dies hätte zu dem unbilligen Ergebnis geführt, dass die Gemeinde Jever keine Gewerbesteuer erhalten hätte, während München, wo sich überhaupt kein gewerbliches Leben abspielt, begünstigt wäre. Dieses Ergebnis ist nicht sachgerecht, denn der Gemeinde Jever erwachsen durch die Existenz der Ferienwohnungen Lasten. Deshalb ist in diesem besonderen Ausnahmefall die Anwendung eines anderen Zerlegungsmaßstabs geboten, der die tätsächlichen Gegebenheiten besser berücksichtigt. Als Ersatzmaßstab können gem. § 33 Abs. 1 GewStG die Betriebseinnahmen dienen. Danach erhält Jever den gesamten Steuermessbetrag zugewiesen, während München leer ausgeht.

Hinweis: *Kleinbetragsregelung § 34 GewStG*
Steuermessbeträge bis zu EUR 10 sind der Gemeinde zuzuweisen, in der sich die Geschäftsleitung befindet. Übersteigt der Messbetrag EUR 10, bewirkt die Zerlegung jedoch einen Zerlegungsanteil von nicht mehr

als EUR 10, so ist der betreffende Anteil ebenfalls der Gemeinde der Geschäftsleitung zuzuweisen.

Hinweis: *Reisegewerbetreibender § 35a GewStG*
Ein Reisegewerbetreibender hat i.d.R. keine Betriebstätte. Deshalb entscheidet hier der Mittelpunkt der gewerblichen Tätigkeit. Das ist in der Regel die Gemeinde, in der sich der Wohnsitz des Reisegewerbetreibenden befindet. Ein Markthändler kann sich also nicht aussuchen, in der Gemeinde zur Gewerbesteuer veranlagt zu werden, wo der niedrigste Hebesatz ist existiert. Eine Zerlegung findet folglich nicht statt.

Lektion 9: Sonderfälle

Ermittlung des Gewerbeverlustes in besonderen Fällen

Fall 55: Betriebsaufspaltung

Der Pralinenproduzent Paul Pistazie lässt auf einem ihm gehörenden Grundstück ein Produktionsgebäude errichten. Nach der Fertigstellung vermietet er das Gebäude an die von ihm gegründete Sweety-GmbH, in der die Pralinenproduktion erfolgt. Die GmbH leistet an P.P. Mietzahlungen für die Grundstücksüberlassung. Welche gewerbesteuerlichen Konsequenzen ergeben sich?

Die vorstehende Gestaltung ist als Betriebsaufspaltung zu qualifizieren. Die Betriebsaufspaltung ist gesetzlich nicht normiert. Sie hat sich aus einer Reihe von Urteilen entwickelt, es handelt sich um sog. Richterrecht. Bei der Betriebsaufspaltung wird die Vermögensverwaltung überschritten. Sie bewirkt eine Gewerblichkeit der Vermietungs- bzw. Verpachtungstätigkeit.

Man versteht unter Betriebsaufspaltung die Aufteilung eines bisher in einheitlicher Rechtsform geführten Unternehmens in zwei eigenständige Unternehmen. Diese sind durch enge personelle und sachliche Verflechtung gekennzeichnet.

Das Konstrukt der Betriebsaufspaltung ist folgendermaßen gestaltet:

Es gibt ein sog. Besitzunternehmen, dessen Zweck darin besteht, ein Wirtschaftsgut des Anlagevermögens, beispielsweise ein Fabrikgrundstück, an das operativ tätige Betriebsunternehmen (z.B. ein produzierender Betrieb) zu verpachten. Die personelle Verflechtung ist gegeben, wenn eine oder mehrere Personen sowohl das Besitz- als auch das Betriebsunternehmen beherrschen. Diese Personen können durch ihren beherrschenden Einfluss ihren Betätigungswillen in beiden Unternehmen durchsetzen. Mit der Überlassung einer wesentlichen Betriebsgrundlage wird die sachliche Verflechtung geschaffen. Darunter versteht man ein Wirtschaftsgut, das zur Erreichung des Betriebszwecks erforderlich ist.

Besitzunternehmen ──────▶ Betriebsunternehmen

Verpachtung von Anlagevermögen

Folgen der Betriebsaufspaltung:

Das Vermietungsverhältnis ist vom Grundsatz her eine der Art nach vermögensverwaltende Tätigkeit. Aus dem durch die Betriebsaufspaltung entstandenen Gesamtorganismus resultiert, dass die vermögensverwaltende Tätigkeit des Besitzunternehmers gewerblich wird.

Gewerbesteuerrechtliche Konsequenzen:

Alle am Besitzunternehmen beteiligten Gesellschafter erzielen gewerbliche Einkünfte. Somit unterliegen die im Besitzunternehmen erwirtschafteten Mieterträge der Gewerbesteuer, vgl. Abschn. 11 Abs. 3 Satz 10 GewStG. Infolge der Begründung der Betriebsaufspaltung liegt zwar eine Wirtschaftseinheit vor, jedoch wird der Gewinn für beide Unternehmen getrennt ermittelt, es liegen zwei rechtlich selbständige Unternehmen i.S.d. § 2 GewStG vor. Somit kann jedes Unternehmen den Gewerbesteuerfreibetrag nutzen.

Das Besitzunternehmen kann die erweiterte Kürzung für Grundbesitz nach § 9 Nr. 1 Satz 2 GewStG nicht in Anspruch nehmen, vgl. Abschn. 60 Abs. 1 Satz 1 Nr. 3 Satz 4 GewStR. Im Fall von Ausschüttungen durch die Kapitalgesellschaft sind die Regelungen zum gewerbesteuerlichen Schachtelprivileg gem. § 9 Nr. 2a GewStG zu beachten.

Im Fall 55 sind beide Unternehmen isoliert zu betrachten, sie bleiben rechtlich selbständig und ermitteln ihren Gewinn getrennt. Die Vermietungstätigkeit des P.P. repräsentiert das Besitzunternehmen, denn das Produktionsgebäude ist im Vermögen des P.P. angesiedelt. Die GmbH stellt das Betriebsunternehmen dar. P.P. beherrscht sowohl das Besitz- als auch das Betriebsunternehmen, die personelle Verflechtung ist unstreitig gegeben. Mit der Vermietung des Produktionsgebäudes an die GmbH ist die sachliche Verflechtung begründet. Aus diesem Konstrukt resultiert, dass die eigentlich vermögensverwaltende Tätigkeit des P.P. – die Vermietung der Immobilie – zum Gewerbebetrieb wird. Dies hat zur Folge, dass die Mieteinnahmen der Gewerbesteuer unterliegen. Eventuelle Wertsteigerungen der Immobilie sind steuerverstrickt.

Für beide Unternehmen gelten die Hinzurechnungs- und Kürzungsvorschriften gem. §§ 8 und 9 GewStG. Das Betriebsunternehmen, die GmbH, muss die an das Besitzunternehmen des P.P. gezahlte Miete gemäß § 8 Nr. 1 Buchst. e GewStG hinzurechnen (unter Berücksichtigung des Hinzurechnungsfreibetrages von EUR 100.000). Da das Besitzunternehmen ebenfalls gewerbesteuerpflichtig ist, kommt es somit zu einer Mehrbelastung mit GewSt. Vergleiche hierzu die Ausführungen im BMF-Schreiben mit dem Titel „Anwendungsfragen zur Hinzurechnung von Finanzierungsanteilen nach § 8 Nr. 1 GewStG" vom 14.08.2007, Rz. 5. Zu beachten ist weiterhin, dass nur P.P., nicht jedoch die GmbH den Freibetrag nach § 11 GewStG geltend machen kann, denn dieser wird nur natürlichen Personen und Personengesellschaften gewährt.

Fall 56: ARGE

Die Mörtel-GmbH und die Stein GmbH schließen sich zu einer Arbeitsgemeinschaft „ARGE Autobahnabschnitt X" zusammen. Zweck des Zusammenschlusses ist es, das Bauvorhaben „Bau des Autobahnabschnitts X" gemeinsam zu realisieren. Nach Beendigung des Projektes soll die ARGE wieder aufgelöst werden. Wie ist die ARGE gewerbesteuerlich zu beurteilen?

Unter einer Arbeitsgemeinschaft (ARGE) versteht man den Zusammenschluss mehrerer Unternehmen mit dem Ziel, einen einzigen Werkvertrag oder Werklieferungsvertrag zu erfüllen. Diese befristeten Arbeitsgemeinschaften unterhalten keinen eigenen Gewerbebetrieb. Die Besteuerungsgrundlagen sind deshalb nicht der ARGE selbst, sondern den beteiligten Unternehmen zuzurechnen. Entsprechend setzen die gewerbesteuerlichen Folgen bei den Mitgliedern der ARGE ein. Die ARGE genießt gem. § 2a GewStG eine steuerliche Sonderbehandlung. Siehe hierzu auch Abschn. 23 GewStR.

Die ARGE im Fall 56 wurde zur Erfüllung eines einzigen Bauvorhabens gebildet. Gemäß § 2a GewStG entfällt die Gewerbesteuerpflicht für die ARGE selbst. Das Bauvorhaben gilt bei den beiden beteiligten GmbHs anteilig als Betriebsstätte dieser Unternehmen. Das Ergebnis der ARGE wird bei den beiden GmbHs anteilig zugerechnet und erst auf dieser Stufe zur Gewerbesteuer herangezogen.

Hinweis: *Sofern die ARGE im Zeitpunkt der Auflösung mit einen Gewerbeverlust nach § 10a GewStG abschließt, ist dieser auf die beteiligten Unternehmen aufzuteilen.*

Fall 57: Organschaft

Die Strickliesel-KG hält an der Knopf-GmbH einen Anteil von 95%. Die restlichen 5% der Beteiligung an der Knopf-GmbH befinden sich im Privatvermögen der Gesellschafterin Naddel Nadelöhr. Die Stimmrechtsverteilung ist an die Kapitalien gebunden. Die Strickliesel-KG betreibt einen Handel mit Handarbeitsbedarf sowie Strickwaren. Die Knopf-GmbH produziert Knöpfe aller Art. Ihre Produkte werden ausschließlich von der Strickliesel-KG vertrieben. Die Leitung der Knopf-GmbH obliegt der Strickliesel-KG. Zwischen den beiden Gesellschaften existiert ein Gewinnabführungsvertrag. Danach verpflichtet sich die Knopf-GmbH, ihren gesamten Jahresüberschusses an die Strickliesel-KG abzuführen. Die Gesellschafterin N.N. erhält eine garantierte Dividende von 8% ihres Kapitals. Die Strickliesel-KG verpflichtet sich, etwaige Verluste der Knopf-GmbH auszugleichen. Zusätzlich wurde ein Darlehensvertrag geschlossen, wonach die KG der GmbH einen Kredit über EUR 100.000 zur Verfügung stellt. Hierfür wurden im Berichtsjahr EUR 7.000 Zinsen entrichtet. Welche gewerbesteuerlichen Folgen ergeben sich für die beiden Gesellschaften?

Das vorliegende Konstrukt stellt eine Organschaft dar. Darunter versteht man die wirtschaftliche Abhängigkeit einer rechtlich selbständigen Person (Organgesellschaft) von einem anderen beherrschenden Unternehmen (Organträger). Das GewStG knüpft hinsichtlich der Definition an das Körperschaftsteuergesetz an. Die Vorschriften sind in §§ 14 ff KStG manifestiert.

Damit eine Organschaft für steuerliche Zwecke anerkannt wird, muss die Organgesellschaft (OG) finanziell in den Organträger (OT) eingegliedert sein. Die finanzielle Eingliederung ist im § 14 Abs. 1 Nr. 1 KStG definiert. Danach muss der OT an der OG vom Beginn des Wirtschaftsjahres an ununterbrochen in einem solchen Maße beteiligt sein, dass ihm die Mehrheit der Stimmrechte aus den Anteilen der OG zusteht. Weiterhin muss gem. § 14 Abs. 1 Nr. 3 KStG ein Gewinnabführungsvertrag auf mindestens fünf Jahre abgeschlossen sein und auch durchgeführt werden. Als OT kommt jedes inländische gewerbliche Unternehmen in Betracht; auf die Rechtsform kommt es nicht an. OG muss eine inländische Kapitalgesellschaft sein.

> ## Leitsatz 14
> **Voraussetzungen der Organschaft**
> – Der Organträger beherrscht die Organgesellschaft mittels finanzieller Eingliederung.
> – Ein Gewinnabführungsvertrag ist auf mindestens fünf Jahre abgeschlossen.

Gewerbesteuerliche Folgen der Organschaft:

Nach § 2 Abs. 2 Satz 2 GewStG gilt die Organgesellschaft als Betriebsstätte des Organträgers. Eine einheitliche Ermittlung des Gewerbertrages für den Organkreis kommt jedoch nicht in Betracht. Die Gewerbeerträge sind für den OT und die OG getrennt zu ermitteln. Es unterbleiben aber Hinzurechnungen nach § 8 GewStG, soweit sie zu einer doppelten steuerlichen Belastung führen (Abschn. 41 Abs. 1 Satz 5 GewStR). Die OG, die als Betriebsstätte des OT fungiert, ist selbst nicht gewerbesteuerpflichtig. Besteuert wird nur der OT.

Die Ermittlung des Gewerbeertrages im Organkreis erfolgt zweistufig. In der ersten Stufe wird der Gewerbeertrag für beide Gesellschaften (OT und OG) eigenständig ermittelt. Der Freibetrag von EUR 100.000 nach § 8 Nr. 1 GewStG ist bei jeder Ermittlung jeweils gesondert zu berücksichtigen. Auf der zweiten Stufe wird der Gewerbeertrag der OG mit dem vom OT erzielten Gewerbeertrag zusammengerechnet.

Übersicht 10: Ermittlung des Gewerbeertrages im Organkreis

1. Stufe

Organträger	Organgesellschaft
Gewinn nach EStG bzw. KStG; § 7 GewStG	Gewinn nach KStG; § 7 GewStG
+ Hinzurechnungen; § 8 GewStG	+ Hinzurechnungen; § 8 GewStG
./. Kürzungen; § 9 GewStG	./. Kürzungen; § 9 GewStG
= maßgebender Gewerbeertrag; § 7 GewStG	= maßgebender Gewerbeertrag; § 7 GewStG

+
2. Stufe

= maßgebender Gewerbeertrag des Organträgers; Abschn. 41 Abs. 3 GewStR

Hinzurechnungen nach § 8 GewStG unterbleiben, sofern der Hinzurechnungstatbestand (z.B. Zinsen, Miete) in den zusammengerechneten Gewerberträgen des Organkreises bereits enthalten ist.

Die Lösung des Falls 57 baut sich folgendermaßen auf. Wegen der besonderen vertraglichen Vereinbarungen zwischen der Strickliesel-KG und der Knopf-GmbH ist das Vorliegen eines Organschaftsverhältnisses zu prüfen. In Anknüpfung an die körperschaftsteuerliche Organschaft muss eine finanzielle Eingliederung gegeben und die Bedingung des Gewinnabführungsvertrages erfüllt sein.

An der Knopf-GmbH ist die Strickliesel-KG mit 95% beteiligt. Die übrigen 5% hält N.N. Sie hat einen vertraglich zugesicherten Anspruch auf eine Ausgleichszahlung, die sog. Garantiedividende. Gemäß Gewinnabführungsvertrag verpflichtet sich die Knopf-KG, den gesamten Gewinn, der bereits durch die Ausgleichszahlung an N.N. gemindert ist, an die Strickliesel-KG abzuführen. Es besteht ein steuerlich anzuerkennendes Organschaftsverhältnis.

Organträger: ist die Strickliesel-KG, das beherrschende Unternehmen.

Organ oder Organgesellschaft: ist die Knopf-GmbH, die von ihrer Mehrheitsgesellschafterin abhängige Kapitalgesellschaft.

Die Gewerbeerträge für OT und OG werden getrennt ermittelt und anschließend zusammengerechnet. Die Zinszahlungen i.H.v. EUR 7.000 für das gewährte Darlehen sind bereits im Gewerbeertrag des OT als Einnahme verbucht. Würde die OG diesen Zinsaufwand gemäß dem Berechnungsmodus im § 8 GewStG hinzurechnen, würde dies zu einer (teilweisen) Doppelberücksichtigung der Zinsen führen. Um dies zu vermeiden, unterbleibt die Hinzurechnung bei der OG.

Aus dem gemeinschaftlich ermittelten Gewerbeertrag des OT leitet das Finanzamt die Gewerbesteuer ab. Als letzter Akt findet die Zerlegung der Gewerbesteuer auf die beiden Betriebsstätten nach § 28 GewStG statt.

Fall 58: Betriebsverpachtung

Der Kinobetreiber Martin Movie hat vor 40 Jahren das Grundstück, auf dem sich sein Kino befindet, erworben. Der Wert des Grundstücks ist in der Zwischenzeit erheblich gestiegen. M.M. möchte sich vorübergehend aus dem Kinogeschäft zurück ziehen. Er plant, eine mehrjährige Weltreise zu unternehmen. Nach seiner Rückkehr beabsichtigt er, den Kinobetrieb wieder selbst in die Hand zu nehmen. Aus diesem Grund entschließt er sich, sein Kino an einen anderen Betreiber zu verpachten. Welche gewerbesteuerlichen Folgen hat die Betriebsverpachtung?

Das Rechtsinstitut der Betriebsverpachtung gem. Abschn. 16 Abs. 5 EStR ist an strenge Voraussetzungen geknüpft.

- Es muss eine Eigenbewirtschaftung vor der Verpachtung vorliegen, d.h. der verpachtete Betrieb muss zuvor von dem Verpächter selbst bewirtschaftet worden sein.

- Der Betrieb bzw. der Teilbetrieb muss im Ganzen, d.h. mit sämtlichen wesentlichen Betriebsgrundlagen überlassen werden, z.B. mit Inventar, Produktionsanlagen, Maschinen, technischen Ausrüstungsgegenständen usw. Werden für die Weiterführung des Betriebes unwesentliche Wirtschaftsgüter (z.B. das liebgewordene Gemälde über dem Schreibtisch) nicht mitverpachtet, sondern vorher verkauft oder in das Privatvermögen des Verpächters überführt, dann ist dieser Vorgang unschädlich.

- Der Pächter muss den Betrieb identitätswahrend erhalten und fortführen um dem Verpächter die Möglichkeit der Betriebsfortführung zu belassen. Der Verpächter soll am Ende der Pachtzeit in der Lage sein, den Betrieb fort zu führen.

- Es darf sich nicht um eine Betriebsaufspaltung handeln, d.h. zwischen Pächter und Verpächter darf keine personelle Verflechtung bestehen.

Der Verpächter eines Gewerbebetriebes hat nun zwei Wahlmöglichkeiten:

1. Erklärung der Betriebsaufgabe

Der Unternehmer erklärt die Betriebsaufgabe mit der Folge, dass der Aufgabegewinn bzw. -verlust festgestellt wird. Damit ist der Gewerbebetrieb und folgerichtig auch die GewSt-Pflicht erloschen, vgl. Abschn. 39 Abs. 1 GewStR. Mit der anschließenden Verpachtung erzielt der Verpächter dann Einkünfte aus Vermietung und Verpachtung gem. § 21 EStG.

2. Fortführung des Betriebes

Der Verpächter verzichtet auf die Erklärung der Betriebsaufgabe und führt den Betrieb fort. In diesem Fall erzielt der Verpächter weiterhin Einkünfte aus Gewerbebetrieb. Allerdings erlischt mit Beginn der Vermietung die GewSt-Pflicht, denn es mangelt an dem „werbenden" Element. Der Verpächter nimmt nicht mehr am allgemeinen wirtschaftlichen Verkehr teil, damit ist eines der sieben Kriterien des Gewerbebetriebes gem. § 15 EStG nicht erfüllt. Der Gewerbebetrieb wird nur in einer anderen Form fortgeführt, eine Änderung der Einkunftsart tritt deshalb nicht ein. Die Pachteinnahmen gehören zwar, solange der Verpächter nicht die

Betriebsaufgabe erklärt, einkommensteuerrechtlich zu den Einkünften aus Gewerbebetrieb, sie unterliegen jedoch nicht mehr der GewSt. Es handelt sich daher um eine bloße Betriebsunterbrechung. Siehe diesbezüglich Abschn. 11 Abs. 3 GewStR.

Das nennt man Verpächterwahlrecht.

> ## Leitsatz 15
> **Gewerbesteuerliche Folgen des Verpächterwahlrechts**
>
> In beiden Fällen des Verpächterwahlrechtes fällt **keine Gewerbesteuer** an, bei der **Betriebsaufgabe** mangelt es an gewerblichen Einkünften und im **Fortführungsfall** erlischt die Gewerbesteuerpflicht mangels Teilnahme am wirtschaftlichen Verkehr während der Pachtzeit.

M. M. hat nicht die Betriebsaufgabe erklärt, sondern den Kinobetrieb im Ganzen mit all seinen wesentlichen Betriebsgrundlagen, wie z.B. Bestuhlung, Projektor für die Filmvorführung etc. verpachtet. Der Pächter darf den Betrieb während der Pachtdauer nicht so umgestalten, dass es anschließend kein Kino mehr ist, denn es muss permanent die Möglichkeit der Betriebsfortführung bestehen. Nur Umgestaltungen in der Art und Weise, dass Kinovorführungen weiterhin möglich sind, bleiben statthaft. Die Wirtschaftsgüter des Kinobetriebes verbleiben im Betriebsvermögen des M. M. Dadurch wird die Aufdeckung der erheblichen stillen Reserven vermieden. Nach Abschn. 11 Abs. 3 GewStR sind die Pachteinnahmen, die M. M. aus der Betriebsverpachtung erzielt, von der Gewerbesteuer verschont.

Fall 59: Betriebsaufgabe

Unser Kinobetreiber M. M. aus Fall 58 hat sich alternativ dazu entschlossen, den Kinobetrieb endgültig an den Nagel zu hängen. Das Inventar des Kinos, insbesondere die Bestuhlung und Vorführtechnik wird verkauft. Infolge der Preisentwicklung auf dem Grundstücksmarkt beträgt der Verkehrswert der Immobilie inzwischen ein Vielfaches der ursprünglichen Anschaffungskosten. Die Wertsteigerung rangiert im Millionenbereich. M. M. erwartet für die kommenden Jahre weitere Wertsteigerungen. Er entschließt sich, an Stelle eines Verkaufs das Grundstück in sein Privatvermögen zu überführen. Muss M.M. auf den Betriebsaufgabegewinn Gewerbesteuer zahlen?

Leitsatz 16

Betriebsaufgabe

Die Aufgabe eines Gewerbebetriebes im Ganzen ist anzunehmen, wenn **alle wesentlichen Betriebsgrundlagen** innerhalb kurzer Zeit in einem einheitlichen Vorgang entweder **in das Privatvermögen überführt oder** an verschiedene Erwerber **veräußert** oder teilweise veräußert und teilweise in das Privatvermögen überführt werden, damit der Betrieb als selbständiger Organismus des Wirtschaftslebens zu bestehen aufhört.

Wie sich der Veräußerungsgewinn ermittelt, ist im § 16 Abs. 2 EStG geregelt. Veräußerungsgewinn bzw. -verlust ist der Betrag, um den der Veräußerungspreis nach Abzug der Veräußerungskosten den Wert des Betriebsvermögens übersteigt. Zum Veräußerungspreis zählt auch der gemeine Wert von ins Privatvermögen übernommenen Wirtschaftsgütern.

Bei einer Betriebsaufgabe im Sinne des § 16 Abs. 3 EStG sind die im Betriebsvermögen enthaltenen stillen Reserven der einkommensteuerlichen Besteuerung zuzuführen. Für die Gewerbesteuer gilt jedoch etwas anderes. Ein Unternehmen, das sich in der Liquidation befindet, stellt keinen tätigen bzw. werbenden Betrieb mehr dar. Damit ist der Aufgabegewinn grundsätzlich kein Bestandteil des Gewerbeertrags, vgl. Abschn. 39 Abs. 1 Nr. 1 GewStR. Dies gilt jedoch nur für natürliche Personen und Personengesellschaften. Bei Kapitalgesellschaften rechnet der Gewinn aus der Veräußerung eines Betriebes oder Teilbetriebes stets zum Gewerbeertrag, vgl. Abschn. 40 Abs. 2 GewStR. In den GewStR sind noch eine Reihe von Ausnahmen genannt, für die die GewSt-Freiheit des Aufgabegewinns ebenfalls nicht gilt.

Veräußerungsgewinne und -verluste aus der Aufgabe des Gewerbebetriebes eines Einzelunternehmers oder einer Personengesellschaft bleiben bei der Gewerbesteuer außer Ansatz. Kapitalgesellschaften unterliegen dagegen stets der Gewerbesteuer; auch in der Liquidationsphase.

M.M. wird nach der Veräußerung bzw. Entnahme der wesentlichen Betriebsgrundlagen einen beachtlichen Veräußerungsgewinn ermitteln, denn die Immobilie hat seit Erwerb eine enorme Wertsteigerung erfahren. Dieser Gewinn fließt nach § 16 EStG in die einkommensteuerliche Bemessungsgrundlage ein. Die Privatentnahme bewirkt eine Einkommensteuerzahlung, obwohl das Grundstück nicht verkauft wurde, faktisch also kein Verkaufserlös realisiert wurde (kein Geld geflossen ist). Trotzdem muss M.M. ESt zahlen! Da M.M. sein Kino-Unternehmen als Einzelunternehmen führt, ist der Aufgabegewinn für ihn wenigstens gewerbesteuerfrei.

Hinweis: *Betriebsaufgabe bei Betriebsverpachtung*
Werden im Rahmen der Betriebsverpachtung dem verpachteten Betrieb die wesentlichen Betriebsgrundlagen entzogen, kann darin eine Betriebsaufgabe während der Pachtzeit zu sehen sein.
Die Erklärung der Betriebsaufgabe ist immer dann frühzeitig zu empfehlen, wenn der Verpächter den Betrieb nicht wieder aufnehmen wird und die stillen Reserven der verpachteten Wirtschaftsgüter (z.B.bei Grundstücken) während der Pachtzeit weiter steigen, denn die verpachteten Wirtschaftsgüter bleiben Betriebsvermögen des Verpächters.

Fall 60: Veräußerung eines Mitunternehmeranteils

Die Immo-Makler-GmbH ist alleinige Kommanditistin der Projekt-GmbH & Co. KG. Die GmbH verkauft ihren Kommanditanteil an die Real-Estate-GmbH mit Gewinn. Ist dieser Veräußerungsgewinn von der Gewerbesteuer befreit?

Unter Fall 59 wurde bei der Betriebsaufgabe beschrieben, dass Veräußerungsgewinne grundsätzlich von der Gewerbesteuer befreit sind. Allerdings existieren von diesem Grundsatz diverse Ausnahmen. Der vorliegende Fall ist solch eine Ausnahme.

Nach § 7 Satz 2 Nr. 2 GewStG gehört der Gewinn aus der Veräußerung des Anteils eines Gesellschafters, der als Unternehmer (Mitunternehmer) des Betriebes einer Mitunternehmerschaft anzusehen ist, zum Gewerbeertrag, sofern er nicht auf eine natürliche Person als unmittelbar beteiligter Mitunternehmer entfällt. Übersetzt heißt das, dass Veräußerungsgewinne, die auf juristische Personen entfallen, gewerbesteuerpflichtig sind. Der Gewinn entsteht auf der Ebene der Personengesellschaft, deren Anteile veräußert werden.

Der durch die Veräußerung des Kommanditanteils an der Projekt-GmbH & Co. KG durch die Immo-Makler-GmbH erzielte Gewinn unterliegt nach § 7 Satz 2 Nr. 2 GewStG der GewSt. Zu beachten ist weiterhin, dass der Gewinn auf der Ebene der Projekt-GmbH Co. & KG zu besteuern ist.

Fall 61: Veräußerung von Sonderbetriebsvermögen

Max und Moritz sind Gesellschafter des Kinderbuchverlages Struwwelpeter-GbR. Max hält in seinem Sonderbetriebsvermögen ein Grundstück mit aufstehendem Gebäude, das der GbR als Lagerraum dient. Durch den Verkauf des Grundstücks realisiert Max in seinem Sonderbetriebsvermögen einen Gewinn von EUR 100.000. Ist dieser Gewinn gewerbesteuerpflichtig?

Zum Gewerbeertrag gehört auch ein Gewinn, der durch die Veräußerung von Sonderbetriebsvermögen erzielt wird, wenn das Wirtschaftsgut zuvor der Personengesellschaft gedient hat, vgl. Abschn. 39 Abs. 2 Satz 7 GewStR.

Man unterscheidet zwei Arten von Sonderbetriebsvermögen:

Übersicht 11: Sonderbetriebsvermögen

Sonderbetriebsvermögen I	Sonderbetriebsvermögen II
– sind dem Mitunternehmer zuzurechnende Wirtschaftsgüter, die **der Mitunternehmerschaft dienen**.	– sind dem Mitunternehmer zuzurechnende Wirtschaftsgüter, die der **Stärkung der Beteiligung** des Gesellschafters dienen.

In den Gewerbeertrag nach § 7 GewStG fließen sämtliche Gewinne und Verluste aus dem Sonderbetriebsvermögensbereich ein.

Der Gewinn aus der Veräußerung des Lagergrundstücks i.H.v. EUR 100.000 erhöht den Gewerbeertrag der Struwwelpeter-GbR. Steuerschuldner ist gem. § 5 Abs. 1 Satz 3 GewStG die Gesellschaft. Obwohl der Gewinn maßgeblich durch den Verkauf des Sonderbetriebsvermögens des Max veranlasst ist, schuldet die GbR die GewSt.

Fall 62: Realteilung

An der Linse-OHG sind die Gesellschafter Okular und Regulator beteiligt. Gegenstand ihres Unternehmens ist ein Uhren- und Schmuck-Handel mit angeschlossenem Optikerfachbetrieb. Die Gesellschafter O. und R. haben die Auflösung der OHG im Wege der Realteilung beschlossen. Danach wird R. den Uhren- und Schmuckhandel fortführen, während O. den Optikerbetrieb übernimmt. Bei der Verteilung der beiden Unternehmensbereiche stellt sich heraus, dass das Handelsgeschäft – bedingt durch die hohen Warenbestände – einen höheren Wert auswies als die Optikerwerkstatt. Daher erklärte sich O. bereit, in Höhe der Wertdifferenz eine Ausgleichszahlung an R. zu leisten. Gehört die Ausgleichszahlung zum Gewerbeertrag der OHG?

Unter einer Realteilung versteht man die Aufteilung eines einheitlichen Vermögens auf die bisher beteiligten Gesellschafter im Rahmen der Auseinandersetzung über das gemeinschaftliche Vermögen.

Mit der Realteilung, also dem Übergehen des Gesellschaftsvermögens auf die bisherigen Gesellschafter, ist die Personengesellschaft beendet. Gewinne, die im Zusammenhang mit der Betriebsveräußerung oder Betriebsaufgabe stehen, sind vom Gewerbeertrag abzugrenzen. Die Realteilung ist auch ein solcher betriebsbeendender Vorgang. Deshalb ist der im Rahmen der Realteilung gezahlte Spitzenausgleich nicht als Gewerbeertrag zu erfassen.

Die Ausgleichszahlung des O. an R. gehört nicht zum laufenden Gewinn des werbenden Betriebes, denn die Realteilung gilt nach dem GewSt-Recht wie eine Betriebseinstellung.

IV. Verhältnis zu anderen Steuern

Lektion 10: Einkommensteuer

Fall 63: Ungleichbehandlung von Gewerbebetrieben?

Ihr Mandant, ein Gemüsehändler, beschwert sich bitterlich, dass er Gewerbesteuer zahlen muss, während sein Nachbar, der Rechtsanwalt, von der Gewerbesteuer verschont wird. Er erwartet eine Erklärung ob dieser schreienden Ungerechtigkeit. Was antworten Sie ihm?

Der Gewerbesteuer unterliegen nur gewerblich tätige Unternehmen, während Unternehmer mit Einkünften aus selbständiger Arbeit, wie sie der Rechtsanwalt gem. § 18 EStG erzielt, nicht mit Gewerbesteuer belastet werden. Dies scheint – oberflächlich betrachtet – eine Benachteiligung der Gewerbebetriebe zu sein.

Der Gesetzgeber ließ sich von der Erwägung leiten, dass den Gemeinden aus dem Vorhandensein der Gewerbebetriebe besondere Belastungen und Aufwendungen entstehen. Betrieben und deren Arbeitnehmern kommt eine gute Infrastruktur, die üblicherweise kommunal finanziert ist, zugute. Insbesondere größere Gewerbebetriebe sind zudem in ihrer Lastenverursachung, vor allem hinsichtlich des Umweltschutzes und der Nutzung der Verkehrseinrichtungen nicht mit freiberuflichen Praxen gleichzustellen. Für diese Lasten soll die Gewerbesteuer einen Ausgleich bieten. Während ein freier Beruf seinen Gewinn durch die eigene Arbeitsleistung erwirtschaftet, erzielt der typische Gewerbetreibende sein Ergebnis durch den Einsatz von Kapital und fremder Arbeitskraft.

Ein freier Beruf, wie der eines Rechtsanwaltes beispielsweise, verursacht dagegen kaum Lasten für die Kommunen. Freie Berufe arbeiten überwiegend allein; sie dürfen, im Unterschied zu Gewerbebetrieben, nur eine geringe Zahl von Arbeitnehmern beschäftigen.

Allerdings muss man mittlerweile eingestehen, dass diese formale Argumentation bei der tatsächlichen Entwicklung und Annäherung der unterschiedlichen Berufsbilder im Einzelfall ungerechtfertigt erscheint.

Entlastung durch Anrechnungsfaktor

Der Schmerz des Gemüsehändlers kann aber noch gemildert werden. Die effektive Steuerbelastung lässt sich erheblich reduzieren. § 35 EStG bietet einen Ausgleich. Danach wird das 3,8fache des Gewerbesteuermessbetrages von der tariflichen Einkommensteuer abgezogen. Der Abzugsbetrag ist jedoch gedeckelt bis zur Höhe der tatsächlich bezahlten GewSt. Im Gegenzug ist die Gewerbesteuer seit 2008 nicht mehr als Betriebsausgabe abzugsfähig, siehe § 4 Abs. 5b EStG bzw. § 8 Abs. 1 KStG. Zweck dieser Regelung ist es, die Benachteiligung gewerblicher Einkünfte gegenüber den anderen sechs Einkunftsarten abzumildern.

Dieses Verfahren ist nicht auf die Körperschaftsteuer anwendbar, hier bleibt es bei dem unveränderten Steuersatz nach § 23 KStG.

> Nach § 4 Abs. 5a EStG sind die Gewerbesteuer und die darauf entfallenden Nebenleistungen, wie Säumniszuschläge, Verspätungszuschläge, Zinsen und Zwangsgelder keine Betriebsausgabe.

Fall 64: Anrechnung der Gewerbesteuer auf die Einkommensteuer

Bei dem Berliner Currywurst-Budenbesitzer Karsten Ketschup hat das Finanzamt einen Gewerbesteuermessbetrag von EUR 1.500 festgestellt. Unter Berücksichtigung des GewSt-Hebesatzes von 410 % wurde eine Gewerbesteuer i.H.v. EUR 6.150 festgesetzt. Wie erfolgt die Anrechnung der Gewerbesteuer auf die ESt?

Nach § 35 EStG erfolgt eine Entlastung dergestalt, als auf den Gewerbesteuermessbetrag der Anrechnungsfaktor von 3,8 Anwendung findet. Der so ermittelte Betrag ist auf jene Einkommensteuer anrechenbar, die auf gewerbliche Einkünfte entfällt. Der Abzugsbetrag ist jedoch auf die tatsächlich zu zahlende Gewerbesteuer beschränkt. Nicht genutztes Anrechnungsvolumen kann weder auf frühere Jahre zurück noch auf künftige Veranlagungszeiträume vorgetragen werden. § 35 EStG gilt nur für Einzelunternehmen und Personengesellschaften.

Bei K.K. beträgt der Gewerbesteuermessbetrag: EUR 1.500
Unter Anwendung des pauschalen Anrechnungs-
faktors von 3,8 gem. § 35 EStG ergibt
sich ein Anrechnungsbetrag von: EUR 5.700

Vergleicht man die tatsächliche GewSt-Belastung von EUR 6.150 mit dem Anrechnungsbetrag, der von der tariflichen Einkommensteuer abgezogen wird, ergibt sich eine Differenz von EUR 450 zu Lasten des Steuerpflichtigen. K.K. wird letztendlich mit einer Gewerbesteuer i.H.v. EUR 450 effektiv belastet.

§ 35 EStG gilt für Einzel- und Mitunternehmer. Je nach Höhe des Hebesatzes bewirkt die Norm eine Über- oder Unterkompensation der GewSt-Belastung. Eine vollständige Kompensation tritt bei einem Hebesatz von 400% ein.

Hinweis: *Beträgt der Hebesatz bei einem Einzelunternehmer bzw. einer Personengesellschaft 380%, so wird die Gewerbesteuer durch die Anrechnung bei der Einkommensteuer vollständig kompensiert. Hebesätze unter 380% bewirken eine Überkompensation, während bei Hebesätzen von über 380% die Gewerbesteuer nicht vollständig ausgeglichen wird. Berücksichtigt man zusätzlich die Entlastung bei dem Solidaritätszuschlag, so liegt die Schallmauer bei 400%. Die Modellberechnung unterstellt hier den einkommensteuerlichen Spitzensteuersatz von 45%.*

Fall 65: Bindungswirkung des Einkommensteuerbescheids für die GewSt

Die Tätigkeit eines Werbedesigners wurde im Rahmen der Veranlagung zur Einkommensteuer durch das Finanzamt als gewerblich beurteilt. Zeitgleich wurde der Gewerbesteuermessbescheid erlassen. Wie wir in Lektion 2 anhand vieler Beispiele erfahren haben, verschwimmen die Grenzen zwischen den Einkunftsarten immer mehr. Dies hat zur Folge, dass eine eindeutige Zuordnung zu einer Einkunftsart erst nach eingehender Analyse der ausgeführten Tätigkeit möglich ist. So ist es auch in diesem Fall geschehen.

Im Rahmen des außergerichtlichen Rechtsbehelfsverfahrens gegen den Einkommensteuerbescheid konnte sich der Werbedesigner mit seiner

Rechtsauffassung durchsetzen, dass seine Tätigkeit keine gewerbliche sondern eine freiberufliche Tätigkeit i.S. des § 18 EStG sei.

Welche verfahrensrechtlichen Folgen hat die Umqualifizierung der gewerblichen Einkünfte in Einkünfte aus freiberuflicher Tätigkeit für die GewSt?

§ 35b GewStG ermöglicht hinsichtlich des Gewinns aus Gewerbebetrieb eine Änderung des Gewerbesteuermessbescheides nach erfolgter Änderung eines Einkommensteuerbescheides, eines Feststellungsbescheides oder eines Körperschaftsteuerbescheides. Der Steuerpflichtige braucht in diesem Fall nicht gegen den Gewerbesteuermessbescheid gesondert vorzugehen. Die Änderung erfolgt von Amts wegen.

Wird also der Gewinn aus Gewerbebetrieb in seiner Höhe berührt, kommt § 35b GewStG zum Einsatz. Im Fall unseres Werbedesigners beruht die Änderung der Einkommensteuerveranlagung darauf, dass die Tätigkeit des Steuerpflichtigen nicht mehr – wie bisher – als gewerblich qualifiziert wird, sondern einer anderen Einkunftsart zugeordnet wird. Der Gewinn aus Gewerbebetrieb entfällt in diesem Fall, er sinkt auf EUR 0,00.

Der Werbedesigner muss seinen Rechtsstreit mit dem Finanzamt nur auf die Einkünftequalifikation im Rahmen der Einkommensteuerveranlagung beschränken. Den Gewerbesteuermessbescheid muss er nicht anfechten, denn im Erfolgsfall schlägt die Änderung des Einkommensteuerbescheides auf den Gewerbesteuermessbescheid durch.

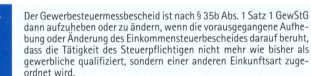

> Der Gewerbesteuermessbescheid ist nach § 35b Abs. 1 Satz 1 GewStG dann aufzuheben oder zu ändern, wenn die vorausgegangene Aufhebung oder Änderung des Einkommensteuerbescheides darauf beruht, dass die Tätigkeit des Steuerpflichtigen nicht mehr wie bisher als gewerbliche qualifiziert, sondern einer anderen Einkunftsart zugeordnet wird.

Die Auswirkung auf die GewSt muss nicht nur in einer Gewinnveränderung bestehen. Auch die steuerliche Einordnung einer Betätigung als Liebhaberei (z.B. die Vercharterung eines Motorbootes) löst eine Änderung nach § 35b GewStG aus. Ebenso zieht die Behandlung eines

Gewinnanteils, der bisher als laufender Gewinn angesehen wurde, und nunmehr als Veräußerungsgewinn qualifiziert wird, eine Änderung des Gewerbesteuermessbescheides von Amts wegen nach sich.

Leitsatz 17

§ 35b GewStG

§ 35b GewStG bewirkt eine Änderung des Gewerbesteuermessbescheides von Amts wegen, wenn ein Einkommensteuerbescheid, ein Körperschaftsteuerbescheid oder ein Feststellungsbescheid aufgehoben oder geändert wird und die Aufhebung oder Änderung den Gewinn aus Gewerbebetrieb berührt.

Lektion 11: Zweitwohnsitzsteuer

Auch das Verhältnis von Zweitwohnsitzsteuer und Gewerbesteuer ist bei der Steuergesamtbetrachtung insbesondere bei Wochenendhäusern, Ferienwohnungen oder Urlaubsapartments von Interesse.

Fall 66: Verhältnis Gewerbesteuer zur Zweitwohnsitzsteuer

Der Leipziger Kapitalanleger K erwirbt im Ostseebad Damp eine voll eingerichtete Ferienwohnung in einer Ferienwohnungsanlage. In Anbetracht der großen Entfernung zwischen K's Wohnsitz zu seinem Anlageobjekt sieht er sich außer Stande, die Verwaltung der Wohnung selbst zu übernehmen. Deshalb schließt er mit der lokalen Feriendienstorganisation einen Verwaltungsvertrag. Diese kümmert sich um alle Belange der Ferienwohnungsvermietung vom Mietvertragsabschluss über die Schlüsselübergabe bis zur Reinigung sowie Beauftragung kleinerer Reparaturen. Das Finanzamt beurteilt die Einkünfte aus der Vermietung als gewerbliche Einkünfte.

Während der Leerstandszeiten sowie in den Sommerferien nutzt K die Wohnung selbst als Urlaubsquartier. Die Gemeinde Damp verlangt von K Zweitwohnsitzsteuer.

K fühlt sich benachteiligt, weil er für seine Ferienwohnung – neben der Einkommensteuer – zusätzlich mit Gewerbesteuer und Zweitwohnsitzsteuer belastet wird. Er vertritt die Auffassung, dass die Veranlagung zur Gewerbesteuer die Zweitwohnsitzsteuer ausschließen müsse.

Bei der Vermietung einer Ferienwohnung ist ein Gewerbebetrieb gegeben, wenn

- die Wohnung sich in einer einheitlichen Wohnanlage befindet und dort im Verband mit einer Vielzahl gleichartiger Wohnungen angeboten wird und

- sie vollständig eingerichtet ist und

- die Werbung und Verwaltung einer Feriendienstorganisation übertragen wird und

- die Wohnung hotelmäßig bereit gehalten wird.

Die Verwaltung der Ferienwohnung des K wird mit dem gleichen Organisationsaufwand betrieben, wie ein Hotel geführt wird. Die Wohnung ist möbliert, sie ist in eine Ferienwohnungsanlage eingebunden und um die Werbung kümmert sich der lokale Dienstleister. Es sind alle Kriterien für eine gewerbliche Tätigkeit erfüllt, K erzielt Einkünfte aus Gewerbebetrieb.

Wird eine Zweitwohnung auch (zeitweise) zu Zwecken der eigenen Lebensführung genutzt, rechtfertigt dies im Grundsatz die Zweitwohnungsteuerpflicht.

Eine Mischnutzung der Ferienwohnung, wie im vorliegenden Fall, löst unterschiedliche Steuerpflichten aus. Zweitwohnsitz- und Gewerbesteuer sind nicht gleichartig, sie erfassen unterschiedliche Steuergegenstände. Während die Gewerbesteuer den Ertrag des Gewerbebetriebes zum Gegenstand hat, knüpft die Zweitwohnsitzsteuer an der wirtschaftlichen Leistungsfähigkeit des Wohnungsinhabers an.

Hinweis: *Die Zweitwohnsitzsteuer ist vom Wesen her eine Luxussteuer. Wer es sich leisten kann, neben seiner Hauptwohnung noch eine weitere Wohnung zu unterhalten, muss dafür auch bezahlen. Eigentum verpflichtet!*

Wer aus Gründen der privaten Lebensführung eine Zweitwohnung inne hat, muss – auch wenn er diese nur zeitweise selbst nutzt – die Zweitwohnsitzsteuer gegen sich gelten lassen. Die Belastung der Wohnungsvermietung mit Gewerbesteuer steht der Zweitwohnsitzsteuerpflicht nicht entgegen.

Schlusswort

Es gibt kaum ein Rechtsgebiet, das derart umfangreich und schnelllebig ist, wie das Steuerrecht. Wer sich für einen steuerberatenden Beruf interessiert, lässt sich in gewisser Weise auf ein Abenteuer ein. Diese Abenteuerlust geht mit einem ausgeprägten Fortbildungsinteresse einher.

Um den Fortbildungsbedarf zu stillen, benötigt es Zeit. Hochwissenschaftliche theoretische Abhandlungen für ein zeitintensives Studium gibt es zuhauf, handfeste praxisbezogene Ausbildungsliteratur, die ein effektives Lernen ermöglicht, dagegen selten. Mit dem vorliegenden Buch wollen wir diese Lücke schließen.

Lassen Sie sich inspirieren von der Begeisterung der Autorin für dieses spannende und herausfordernde Steuerrechtsgebiet Gewerbesteuer.

V. Anhang

Hebesätze deutscher Städte über 50.000 Einwohner

Baden-Württemberg

Gemeindebezeichnung	Hebesätze
Aalen, Stadt	360
Baden-Baden, Stadt	380
Esslingen am Neckar, Stadt	390
Freiburg im Breisgau, Stadt	400
Friedrichshafen, Stadt	350
Göppingen, Stadt	365
Heidelberg, Stadt	400
Heilbronn, Stadt	380
Karlsruhe, Stadt	410
Konstanz, Universitätsstadt	360
Ludwigsburg, Stadt	360
Mannheim, Universitätsstadt	415
Offenburg, Stadt	380
Pforzheim, Stadt	380
Reutlingen, Stadt	350
Schwäbisch Gmünd, Stadt	360
Sindelfingen, Stadt	370
Stuttgart, Landeshauptstadt	420
Tübingen, Universitätsstadt	360
Ulm, Universitätsstadt	360
Villingen-Schwenningen, Stadt	360
Waiblingen, Stadt	350

Bayern

Aschaffenburg, Stadt	385
Augsburg, Stadt	435
Bamberg, Stadt	390
Bayreuth, Stadt	370
Erlangen, Stadt	410

Fürth, Stadt	425
Ingolstadt, Stadt	400
Kempten (Allgäu), Stadt	387
Landshut, Stadt	380
München, Landeshauptstadt	490
Neu-Ulm, Stadt	350
Nürnberg, Stadt	447
Passau, Stadt	400
Regensburg, Stadt	425
Rosenheim, Stadt	400
Schweinfurt, Stadt	370
Würzburg, Stadt	420

Berlin

Berlin, Stadt	410

Brandenburg

Brandenburg an der Havel, Stadt	350
Cottbus, Stadt	370
Frankfurt (Oder), Stadt	350
Potsdam, Stadt	450

Bremen

Bremen, Stadt	440
Bremerhaven, Stadt	395

Hamburg

Hamburg, Freie und Hansestadt	470

Hessen

Bad Homburg v.d. Höhe, Stadt	350
Darmstadt, Stadt	425
Frankfurt am Main, Stadt	460
Fulda, Stadt	365
Gießen, Universitätsstadt	420

Hanau, Stadt	430
Kassel, Stadt	440
Marburg, Universitätsstadt	400
Offenbach am Main, Stadt	440
Rüsselsheim, Stadt	340
Wetzlar, Stadt	390
Wiesbaden, Landeshauptstadt	440

Mecklenburg-Vorpommern

Greifswald, Hansestadt	395
Neubrandenburg, Stadt	375
Rostock, Hansestadt	450
Schwerin, Landeshauptstadt	390
Stralsund, Hansestadt	420

Niedersachsen

Braunschweig, Stadt	450
Celle, Stadt	370
Cuxhaven, Stadt	365
Delmenhorst, Stadt	405
Emden, Stadt	420
Garbsen, Stadt	398
Göttingen, Stadt	430
Hameln, Stadt	365
Hannover, Landeshauptstadt	460
Hildesheim, Stadt	410
Langenhagen, Stadt	430
Lingen (Ems), Stadt	350
Lüneburg, Stadt	360
Nordhorn, Stadt	356
Oldenburg, Stadt	410
Osnabrück, Stadt	425
Salzgitter, Stadt	410
Wilhelmshaven, Stadt	395
Wolfenbüttel, Stadt	380

Wolfsburg, Stadt	360

Nordrhein-Westfalen

Aachen, Stadt	445
Ahlen, Stadt	425
Arnsberg, Stadt	423
Bad Salzuflen, Stadt	405
Bergheim, Stadt	450
Bergisch Gladbach, Stadt	455
Bergkamen, Stadt	450
Bielefeld, Stadt	435
Bocholt, Stadt	403
Bochum, Stadt	450
Bonn, Stadt	450
Bottrop, Stadt	490
Castrop-Rauxel, Stadt	470
Detmold, Stadt	410
Dinslaken, Stadt	434
Dormagen, Stadt	440
Dorsten, Stadt	460
Dortmund, Stadt	450
Duisburg, Stadt	470
Düren, Stadt	450
Düsseldorf, Stadt	445
Erftstadt, Stadt	440
Eschweiler, Stadt	430
Essen, Stadt	470
Euskirchen, Stadt	418
Gelsenkirchen, Stadt	480
Gladbeck, Stadt	440
Grevenbroich, Stadt	450
Gummersbach, Stadt	430
Gütersloh, Stadt	380
Hagen, Stadt	450

Hamm, Stadt	450
Hattingen, Stadt	470
Herford, Stadt	400
Herne, Stadt	460
Herten, Stadt	430
Hilden, Stadt	400
Hürth, Stadt	420
Ibbenbüren, Stadt	403
Iserlohn, Stadt	440
Kerpen, Stadt	460
Köln, Stadt	450
Krefeld, Stadt	440
Langenfeld (Rheinland), Stadt	380
Leverkusen, Stadt	460
Lippstadt, Stadt	403
Lüdenscheid, Stadt	432
Lünen, Stadt	470
Marl, Stadt	480
Meerbusch, Stadt	440
Menden (Sauerland), Stadt	440
Minden, Stadt	410
Moers, Stadt	460
Mönchengladbach, Stadt	450
Mülheim an der Ruhr, Stadt	470
Münster, Stadt	440
Neuss, Stadt	445
Oberhausen, Stadt	470
Paderborn, Stadt	403
Pulheim, Stadt	420
Ratingen, Stadt	400
Recklinghausen, Stadt	450
Remscheid, Stadt	450
Rheine, Stadt	403
Sankt Augustin, Stadt	470

Siegen, Stadt	450
Solingen, Stadt	450
Stolberg (Rhld.), Stadt	420
Troisdorf, Stadt	440
Unna, Stadt	450
Velbert, Stadt	440
Viersen, Stadt	450
Wesel, Stadt	440
Willich, Stadt	410
Witten, Stadt	440
Wuppertal, Stadt	440

Rheinland-Pfalz

Kaiserslautern, Stadt	395
Koblenz, Stadt	395
Ludwigshafen am Rhein, Stadt	360
Mainz, Stadt	440
Neustadt an der Weinstraße, Stadt	390
Neuwied, Stadt	395
Speyer, Stadt	405
Trier, Stadt	390
Worms, Stadt	400

Saarland

Saarbrücken, Landeshauptstadt	428

Sachsen

Chemnitz, Stadt	450
Dresden, Stadt	450
Görlitz, Stadt	450
Leipzig, Stadt	460
Plauen, Stadt	420
Zwickau, Stadt	450

Sachsen-Anhalt

Dessau-Roßlau, Stadt	450
Halle (Saale), Stadt	450
Magdeburg, Landeshauptstadt	450

Schleswig-Holstein

Flensburg, Stadt	375
Kiel, Landeshauptstadt	430
Lübeck, Hansestadt	430
Neumünster, Stadt	375
Norderstedt, Stadt	390

Thüringen

Erfurt, Stadt	400
Gera, Stadt	380
Jena, Stadt	415
Weimar, Stadt	380

Abkürzungen

Abschn.	Abschnitt
Abs.	Absatz
AG	Aktiengesellschaft
AO	Abgabenordnung
ARGE	Arbeitsgemeinschaft
Az.	Aktenzeichen
BewG	Bewertungsgesetz
BFH	Bundesfinanzhof
BMF	Bundesministerium der Finanzen
Buchst.	Buchstabe
d.h.	das heißt
EStG	Einkommensteuergesetz
e.V.	eingetragener Verein
evtl.	eventuell
ff.	fortfolgend
GbR	Gesellschaft bürgerlichen Rechts
gem.	gemäß
GewSt	Gewerbesteuer
GewStDV	Gewerbesteuerdurchführungsverordnung
GewStG	Gewerbesteuergesetz
GewStR	Gewerbesteuerrichtlinien
ggf.	gegebenenfalls
GmbH	Gesellschaft mit beschränkter Haftung
GmbH & Co KG	Gesellschaft mit beschränkter Haftung und Compagnie Kommanditgesellschaft
GrStG	Grundsteuergesetz
HGB	Handelsgesetzbuch
i.d.R.	in der Regel
i.H.v.	in Höhe von
i.S.d.	im Sinne des
i.V.m.	in Verbindung mit
KG	Kommanditgesellschaft
KStG	Körperschaftsteuergesetz
Nr.	Nummer
o.g.	oben genannt
OG	Organgesellschaft
OHG	Offene Handelsgesellschaft
OT	Organträger
R	Richtlinie
Rz.	Randziffer

sog.	sogenannt
Tz.	Textziffer
u.a.	unter anderem
u.ä.	und ähnliche
u.U.	unter Umständen
u.v.m.	und vieles mehr
vgl.	vergleiche
v.T.	vom Tausend
z.B.	zum Beispiel
ZwSt	Zweitwohnsitzsteuer

Sachregister

A
Abfärberegelung	36
Abgrenzung	9, 22
Anrechnungsfaktor	97
Arbeitslohn	80, 82
ARGE	86
Atypisch stille Gesellschaft	16

B
Besitzsteuer	6
Besitzunternehmen	84
Beteiligung am allgemeinen wirtschaftlichen Verkehr	33
Betriebe, Mehrheit von	13
Betriebe, mehrere gleicher Art	15
Betriebe verschiedener Art	13
Betriebsaufgabe	92
Betriebsaufgabe, Kapitalgesellschaft	48
Betriebsaufspaltung	84
Betriebsausgabe	73, 77, 98
Betriebsfortführung	91
Betriebsstätte	10, 61, 79, 83, 86, 88
Betriebsunternehmen	84
Betriebsverpachtung	90

D
Durchleitung von Rechten	53

E
Echte stille Gesellschaft	17
Einheitswert	57
Einkommensteuer, tarifliche	98
Einkünfteinfektion	35
Entgelte für Schulden	50
Entschädigung	73
Erbbaurecht	52
Ermittlung Gewerbesteuer	71
Erweiterte Kürzung bei Grundstücksunternehmen	59, 85
Erzieherische Tätigkeit	32

F
Finanzielle Eingliederung	87
Finanzierungskosten	49
Firmenwert	54
Förderung steuerbegünstigter Zwecke	62
Freiberufliche Tätigkeit	31
Freibetrag	68, 76
Freie Berufe	25, 97

G
Gemeindesteuer	5, 66
Geringfügige gewerbliche Tätigkeit	36
Gewerbebetrieb, Arten	9
Gewerbebetrieb, einheitlicher	14
Gewerbebetrieb, Formen	10, 12
Gewerbebetrieb kraft gewerblicher Betätigung	10
Gewerbebetrieb kraft Rechtsform	11
Gewerbebetrieb kraft wirtschaftlichem Geschäftsbetrieb	11
Gewerbebetrieb, Merkmale	7
Gewerbebetrieb, stehender	7
Gewerbebetrieb, Vermietung als	100
Gewerbeertrag	43
Gewerbeertrag bei Kapitalgesellschaften	46
Gewerbeertrag, Berichtigungen	43
Gewerbeertrag, Ermittlung	48
Gewerbesteuer	7
Gewerbesteuerberechnung	71
Gewerbesteuermessbetrag	72, 79
Gewerbesteuerpflicht	18, 21

Gewerbeverlust	65, 84
Gewerblicher Grundstückshandel	34
Gewerbliche Vermietung	36
Gewerblich geprägte Personengesellschaft	12, 59
Gewinnabführungsvertrag	87
Gewinnerzielungsabsicht	39
Grundbesitz	57
Grundlagenbescheid	58
Grundsteuer	57
Grundstücke im Beitrittsgebiet	58

H

Handelsgewerbe	24
Hebesatz	72, 76, 102
Hinzurechnungen	49
Hinzurechnungsfreibetrag	51

I

Insolvenz	20

K

Katalogähnliche Berufe	26
Katalogberufe	24
Kleinbetragsregelung	82
Konzessionen	52
Kürzungen	57

L

Lizenz	52
Löhne und Gehälter	62

M

Mantelkauf	70
Miet- und Pachtzinsen	51

N

Nachhaltigkeit	27

O

Objektsteuer	6
Organgesellschaft	87
Organkreis	89
Organschaft	87
Organträger	87

P

Parteispenden	63
Personengesellschaft	54, 60
Personenidentität	47

R

Realsteuer	6
Realteilung	96
Reisegewerbebetrieb	9, 83
Renten und dauernde Lasten	51
Rückstellungen	77

S

Sachsteuer	43
Saisonbetriebe	19
Schachtelprivileg	64
Sonderbetriebsvermögen	95
Spenden	62
Standortvorteil	76
Steuerbefreiung	39
Steuermesszahl	72, 76
Stiftungen	64
Stille Gesellschaft	17, 51
Summe der Umsätze	62

T

Teilbetrieb	46
Teilbetriebsveräußerung	69
Typische stille Gesellschaft	17

U

Überlassung von Rechten	51
Unbewegliche Wirtschaftsgüter	50

Unbilliges Ergebnis	82
Unechte stille Gesellschaft	17
Unternehmensidentität	67
Unternehmeridentität	67
Unternehmerwechsel	20
Unterrichtende Tätigkeit	31

V

Veräußerung Mitunternehmeranteil	94
Veräußerungsgewinn bzw. -verlust	93
Veräußerung Teilbetrieb	46
Verflechtung, personelle	84
Verflechtung, sachliche	84
Verlustvortrag	65
Verlustvortrag bei Personengesellschaften	67
Verlustvortrag im Erbfall	66
Vermögensverwaltung	12, 34, 58, 85
Verpächterwahlrecht	92
Vertriebslizenz	53

W

Werbeleistungen	27
Wesentliche Betriebsgrundlagen	91
Windenergieanlagen	81
Wissenschaftliche Tätigkeit	31

Z

Zerlegung	79
Zerlegungsanteil, Mitunternehmer	80
Zerlegung, Hilfsmaßstab	82
Zerlegung, Kleinbetragsregelung	82
Zerlegungsmaßstab, besonderer	81
Zerlegung, Vergütung für Auszubildende	80
Zerlegung, Verhältnis der Arbeitslöhne	80
Zinsaufwendungen	50
Zweitwohnsitzsteuer	102

Die zitierten BFH-Urteile und BMF-Schreiben sind auf den Internetseiten des BFH bzw. BMF abrufbar.

Steuerrecht – *leicht gemacht*®

Eine Einführung nicht nur für Studierende an Hochschulen, Fachhochschulen und Berufsakademien

von Professor Dr. Stephan Kudert 3., überarbeitete Auflage

In leicht verständlicher, bewährt fallorientierter Weise führt der Verfasser den Leser in das System des scheinbar undurchdringlichen deutschen Steuerrechts ein. Damit ist dieser Band ebenso eine unerlässliche Lernhilfe für die Steuerklausur wie auch Beistand im Beruf und Alltag. Die in der Praxis relevantesten und in der Wissenschaft am meisten behandelten Unternehmenssteuern – ESt, KSt, GewSt, USt – und AO sind systematisch so dargestellt, dass der „rote Faden" auch für Laien erkennbar wird. Kurz aber präzise werden ebenso die Mitunternehmerbesteuerung und die Grundzüge des internationalen Steuerrechts – mit DBA-Recht – erläutert.

16,5 x 11,5 cm
broschiert
166 Seiten
2007

ISBN 978-3-87440-232-3

10,90 €

Einkommensteuer – *leicht gemacht*®

Das EStG-Lehrbuch. Übersichtlich – kurzweilig – einprägsam.

von Annette Warsönke, Fachanwältin für Steuerrecht

Das *leicht gemacht*® Steuerlehrbuch für die Lohn- und Einkommensteuer gibt in leicht verständlicher und bewährt fallorientierter Weise einen Überblick über die Systematik und Grundlagen dieses Rechtsgebietes. Neben einer ausführlichen Darstellung der Vorgehensweise bei der Ermittlung der Steuer behandelt das Buch weiterhin die einzelnen Einkunftsarten. Es werden die Gewinn- und Überschusseinkünfte mit ihren Unterschieden und Gemeinsamkeiten vorgestellt sowie deren Ermittlung und Bewertung.

16,5 x 11,5 cm
broschiert
126 Seiten
2008

ISBN 978-3-87440-236-1

10,90 €

Internet: www.leicht-gemacht.de

Die Steuer der Immobilien – *leicht gemacht*®

Haus- und Grundbesitz im Steuerrecht

von Dipl.-Kff., Dipl.-Betriebsw. Kerstin Schober

Das *leicht gemacht*® Steuerlehrbuch für den Haus- und Grundbesitz. Hier werden steuerliche Fallstricke aus dem Alltag „rund um die Immobilie" dargelegt und in unterhaltsamer Weise gelöst.

Neben den immobilientypischen Minenfeldern des Einkommensteuergesetzes, wie Liebhaberei, gewerblicher Grundstückshandel und private Veräußerungsgeschäfte liegt der Schwerpunkt bei der Gewinnermittlung. Umsatzsteuerliche Fragestellungen von der nicht steuerbaren Geschäftsveräußerung bis zur Vorsteuerberichtigung runden neben Grund- und Grunderwerbsteuer aber auch Zweitwohnsitzsteuer die Palette ab.

16,5 x 11,5 cm
broschiert
179 Seiten
2008

ISBN 978-3-87440-238-5

10,90 €

Steuerstrafrecht – *leicht gemacht*®

Das Recht der Steuerstraftaten für Juristen, Betriebs-, Volkswirte, Praktiker und Studierende an Universitäten, Fachhochschulen und Berufsakademien.

von Annette Warsönke, Fachanwältin für Steuerrecht

Das Steuerstraf- und Ordnungswidrigkeitenrecht ahndet nicht nur die Verfehlungen der Steuerpflichtigen, sondern eröffnet auch dem „reuigen Steuersünder" einen Weg zurück in die Legalität.

Das Buch gibt in leicht verständlicher und bewährt fallorientierter Weise einen Überblick über Systematik und Grundlagen dieses Rechtsgebiets.

Neben einer ausführlichen Darstellung des materiellen und formellen Steuerstraf- und Ordnungswidrigkeitenrechts behandelt das Buch auch die Thematik der Strafzumessung und Konkurrenzen.

16,5 x 11,5 cm
broschiert
155 Seiten
2009

ISBN 978-3-87440-250-7

10,90 €

Internet: www.leicht-gemacht.de